另一种表达

西方图像中的中国记忆

张逸良 著

上海三联书店

PREFACE 1　序一

新鸿基地产主席兼董事总经理郭炳联

阅读和创作，本是相辅相成——从阅读中吸收养分，藉创作确立自己的所见所想，为别人带来启发，从而让知识深化广传。年轻人创意无限，对世界往往有独到的见解，新鸿基地产透过"新阅会"推广阅读，而当中的"年轻作家创作比赛"，特别鼓励青年踏出创作的第一步。

由新地与三联书店合办的"年轻作家创作比赛"，自 2006 年举办以来，至今五届共收到逾七千五百份参赛作品，当中有四十一位青年作家脱颖而出，出版了首部个人著作。今届，比赛更扩阔地域，由香港及内地延伸至澳门及台湾。两岸四地共收到二千多份参赛作品，内容各具特色。香港参赛者创意无限；而内地的年轻人文字功夫扎实，作品具历史传统色彩；至于台湾的作品就充满本土情怀及文化气息；来自澳门的作品则尽见小城地道风貌。虽然风格和题材迥异，但各地年轻人都拥有同一样的创作热诚。今届，我们更喜见不少千禧后的参赛者，而优胜者当中最小的更年仅十三岁，证明阅读及写作的文化能够薪火相传。今届参赛作品的形式或题材，种类都非常丰富，有小说、散文，以至绘本，以崭新的角度及多样化的笔触，刻画各地的人文风景，字里行间更勾划出年轻人眼中的世界，令我们了解他们的洞见与思维。

创作是一个历炼与反思的过程，我们期望年轻人不但要多阅读汲取知识，更鼓励大家在整理当中的所思所想后，撰写成文甚至成书。今天网络联系日益发达，与透过阅读传承知识的力量起着相辅相成的作用，年轻作家们不妨多利用网上媒介，推广自己的新书之余，更可实时与各方交流，汲取意见。

藉此感谢合作伙伴三联书店积极统筹比赛，亦感谢两岸四地的一众专业评审，为新晋作家提供宝贵意见及亲身指导，令他们的作品更臻完美。冀望优胜者以今次出版的第一部作品为起步，继续发展创作事业，也希望有更多年轻人交流阅读及生活体验，广传阅读风气，以生命影响生命。

PREFACE 2　序二

三联书店（香港）有限公司总经理李家驹博士

俗语说：十年磨一剑。

当一件事持之以恒，努力不懈地坚持十年，纵没有大成，想必也有小成吧！

三联书店与新鸿基地产合作的年轻作家创作比赛，不觉已办了五届，至今刚好十年。我认为它的价值不仅仅在于发掘了多少位新晋作者，又或参赛区从香港扩展至内地，以至台湾及澳门；而是在于它提倡的一种创新精神，自由意志，及现代鲜活的表述方式。参赛者不拘一格，不须理会市场，随心出发，用自己擅长的体裁，向内心世界及时代进行探索，因此屡屡为我们带来惊喜！

当然，比赛结果之所以让人期待，与一众出色的跨界创作人评审团的慧眼是分不开的。他们从数以千计的作品中，筛选出具潜质的作品，并透过个别辅导，耐心培育。然后再由编辑、设计等专业团队进行细致打磨，让获奖者得以尽情发挥。

本届在"发现"的主题下，我们看到获奖者的题材同样精彩纷呈，既有百年中国的图像解读，半纪实的台湾原住民小说，为动物生存状态发声；也有个人与时代的青春记忆，香港新移民的身份认同，同志爱的艰难处境，徘徊生死的病人自省，以及洁癖者的世界。在此预祝他们的心血之作，能获得读者的喜爱！

最后，我想感谢新鸿基地产十年来对本计划的投入与支持，不但为出版业界发掘新人，也为创意带来一阵清风！

H

CONT

Chapter

I

导论

Chapter

II

被列强瓜分的蛋糕

録
ENTS

Chapter

III

硝烟与鲜血的中国

Chapter

IV

差异与交融

记
232-234

FOREWORD　前言
凝视历史的背影

对于图像产生的兴趣，要多半归因于《小日报》（*Le Petit Journal*）。通过《小日报》的收藏与解读，并以此为基点寻得更多图像，成为了我这些文字的缘起。

四年前，也就是 2011 年，一张越洋而来的 1898 年的《小日报》进入我的视线，由此激起了我对西方画报强烈的好奇心。

起初，我并不知道这张画报的名称是什么，也不知道它怎么出现在法国。只是惊讶于时隔一百多年，这张画报仍旧保存完好，色彩和构图放到今天也并不差，其讽刺语义的表达甚至在一定程度上还要优于时下我们所能见到的同类图像。直到一次，我无意中看见《世界遗产》杂志，封面图像便使用了这张画报。通过内页文字，我解开了这张图像背后的秘密，也开始了我对于图像中国的搜寻之路。

这一路当中，有两个人对我影响最大：一个

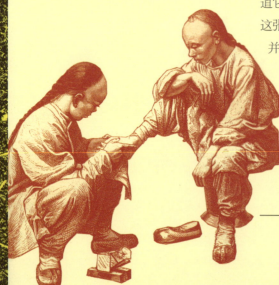

page 12

是秦风，一个是陈丹青。

秦风可谓是中国历史图像收藏的开路先锋，也可以说是迄今为止最成功的一位研究者。从 2000 年开始，秦风的书籍在内地多有印行。而我对图像的兴趣，多源于秦风的这些收藏，以及他对这些图像所进行的梳理。在大量图像的浸染当中，逐步萌发了我对于这些图像进行深挖的兴趣，也促使我开始通过实践来形成自己的收藏内容。

陈丹青教会我更多的，是如何去观看图像，也就是去研究图像的方法。2008 年，北京今日美术馆做了一个展览："西洋版画与北京城"，展出了秦风收藏的一百六十余件关于中国鸦片战争和庚子事变的历史图像，推动此次展览的便是陈丹青。陈丹青为此还撰写了《历史与观看》一文，介绍了欧洲版画发展的历史脉络，并提出"民族的落后不仅在于军事和科技，而在历史的观念，这观念的确立，起于观看"的这一观点。

所谓"观看"，不只在于对图像中事件的了解，而更多在于在观念层次的认识。这些版画曾在百年前构成了大众媒体与大众艺术的基础，并以其关注社会现实和政治话题成为欧洲人文思想、人本精神的鲜明表现。相比之下，拥有如此先进思想的表达在百年前的中国只是零星存在，也并非以人文传播为根本宗旨，因而研究这些西方图像，有助于我们更好地了解历史，也能从多个角度来看自己。

约翰·柏格（John C. Bogle）说："所有古代的绘画都是政治问题"，不只是在古代，近代的绘画与政治及社会时局的关联并未消减，反而愈发增加，这是一种趋势。欧洲人恰恰将政治表达与艺术本体得以适当融合，进而呈现出一种并不矫揉造作的姿态，这也是我们需要通过"观看"了解欧洲发展的精要之处。

找寻《小日报》的过程充满艰辛，但其中也不乏乐趣。

《小日报》的画报出版时间跨度近五十年，关于中国的图像较为分散，更何况这些老物件还远在欧陆，一时收集完整并不容易。

为此我两度到访巴黎，将时间分成了两部分：博物馆和跳蚤市场。博物馆是巴黎艺术气息的灵魂所在，不到博物馆难以体会巴黎城市的内在；跳蚤市场则汇聚了巴黎的风情，各家把自己闲置的物品拿出来或用以销售或用于交换，每个人各取所需，也就在如此境况下，往往能收获些意想不到的惊喜。像《小日报》这样的物件，往往在一些有职业商人参与的跳蚤市场中能够见到。

这些画报往往被装进几个大塑料箱，想要找自己想要的报纸，必须将这堆报纸一张一张翻开来看。虽然我对这其中大部分的外国场景并不熟悉，但这些画报精美的构图和色彩却吸引我的关注。而在如此情景中找到关于中国的图像，美妙感觉自然也是不言而喻。

两次巴黎之行，近四十张《小日报》收入囊中。可这与我所了解的《小日报》关于中国事件报道的数量还相差甚远，后来认识了史济豪先生，请史先生从中帮忙联络，找寻剩余的《小日报》。经历了大概一年的时间，剩下的三十多张画报终于凑齐，其中不乏上世纪二三十年代，即《小日报》后期的一些稀有图像，如此便构成了我对于《小日报》较为完整的编年记录。

编年的图像史，需要将图像的语言转译，以文字的形式来呈现图像背后的故事，这是图像解读的意义所在，也是进行观看的基础。

对于《小日报》的解读，随着寻找和收藏同步进行，通过时间的不断深化与锤炼，最终呈现出这本书中所记载的文字。

统而观之，我的解读过程可分为三个阶段：

第一阶段是单纯针对图像的内容获取。抛开语言认知上的差异，图像究竟能够怎样的观看，从中能够获取什么信息，并能表达怎样的态度，是我们对于图像观看的模式思维，也是观看的基本构成，无论这种观看存在多大差异和错误，与事实相距多远。只有把这些内容看清楚，才能进行深入的分析。

第二阶段是对图像的艺术处理的分析，多强调的是观看的感性部分。图像的处理多少需要艺术化的手法和艺术性的表达，通过对于图像艺术表达的分析，既能感知当时欧洲版画的发展潮流与社会影响，艺术的视角，也给了人们不同的观看方式，在这种方式的影响之下，观者对于一张图像的某一部分会产生特别关注，也会忽视其中的某些部分，进而形成多元的视觉认知。

第三阶段是根据转译的文字描述进行修正与融合。《小日报》产生的时期，也是新闻报道组成最复杂的时期。况且是对于这份针对基层民众、带有大量广告的通俗读物而言，虚假的、夸张的，甚至是凭空而来的信息都有可能存在。图像背后，实际上有一大部分是《小日报》的"独家新闻"，通过文字转译，不仅可知历史记载，也可将其与图像表达互补融合。即使存在观点迥异的方面，亦可以做全面的呈现，毕竟图像本身就有个性言说。

由认知到深化，由感性到理性，由开放到严谨，只为历史的真实呈现。

在历史叙述中，图像被通常认为用于辅证历史观点，抑或围绕观点进行补充说明。如此一来，图片的运用并未更改文字叙述作为主体的事实，对于论述也只是起附属作用。大胆做一种推论，能否以图像作为本位，用图像构建出历史脉络，而文字是以"配角"的身份出现？

理论上讲，只要在图像数量足够多且全面的时候，这样的推论就能够成为现实。然而由于资料搜集的客观局限，以及图像记录自身的一些弊端和不足，通过资料的有序梳理组成"图像中国史"，用图像搭建"中国史"的过程坎坷而复杂，且需要较长时间的搜集和整理工作。

英国学者，摄影史专家泰瑞·贝内特（Terry Bennett）从事西方影像收藏，拥有大量藏品。在搜集材料的过程当中他发现，同是远东影像，其中呈现出人物形象的迥然不同，进而他开始对中国、日本、朝鲜等国家的影像进行分类整理，并有了新的发现。以第一次鸦片战争、第二次鸦片战争为两个重要时间点，对中外摄影师及其作品进行分类，他集合成一部《中国摄影史》，对于中国影像史的构建起到了相当重要的意义。

图像并不像文字一样记录历史事件发展的诸多细节，它是由重大历史节点所串联出的脉络为延伸，以片段和细节展示为主要手段，从而复原历史场景，形成生动的图像叙事。在这个过程中，图像作为叙事主体，表明事件发生的一些基本信息，文字只是属于从属地位，更多依附图像而来。图像本身所包含的复杂意味可以为观者创设不一样的表达空间，提供不同的立场，为相关研究提供更多的途径和手段。

图像本位的确立实际上为历史发展提供了全新的思考模式，对于图像的挖掘与研究不仅仅局限于丰富学说、证明观点，更多存在于对史论的发展，甚至是颠覆之上，以形成自己的理论体系。

时间长了，我发现单纯搜集《小日报》已不能满足我对于图像中国的好奇与追求，"搜索视野"也相应扩宽，一些早期法国杂志、环游笔记中的关于中国的插图，以及外国人记录的市井图像和幽默漫画也引起了我的关注，跨度将近七十年。

这七十年，恰是中国社会动荡最为剧烈，世界格局变化最为多端的一段时期，不过从中也可以推演出来一条清晰的脉络。外国人对于中国的认知由单纯的地理纪实，以游历者的身份记录沿途自然景观和人文风貌；再到以占领者的身份深入社会各个层面，记录中国的真实状态，洞察中国在西方影响下的诸多变化；到最后以关注和利益共同的复合身份重构对于中国社会的认知，表明自身看法，形成了一条由陌生到熟悉、由表面到内部的过程，这似乎也成为一种规律，用以显示西方人对于中国的反馈、再造与重塑。

总之，时间给予了一切，让崭新的现实与古老的历史形成交集。一幅幅由西方人刻画的情境将历史场景回溯，并且更新着我对这片土地过去与现在的认知。这也许就是发现的真正意义所在：也许只是一瞬间，也许只是这些不曾留意，将它们联系起来，沟通过去与现在，就能传递出深刻的道理。

导论

Chapter I

翻阅《小日报》的图像，犹如展开一段可观的历史。以往我们对于图像的观看，只停留在表面。至于图像中某个符号的意义，或是图像后的故事，我们的认知往往很模糊，因为图像的自我言说并不明确。

《小日报》的出现，尤其是在特定的历史阶段中图像的密集出现，不仅仅呈现了图像，更超越图像本身，传递出历史以及其背后的复杂线索。西方人眼中的中国是什么模样？中国发生的事件对西方人有怎样的触动和影响？历史究竟有没有另一面的不可告人？

这样的观看，似乎更有意义。

《小日报》里的
图像中国

百年之前，正当战火弥漫摇摇欲坠的中国，一段刻骨铭心的历史徐徐展开。记录这段历史的方式有很多，例如历史遗存、照片、文字，其中不能忽视的，便是西方人对于这些事件所进行的图像报道。

不同于概念的灌输与单薄的描述，《小日报》向人们传达出来的，是当时西方媒体对于世界的好奇心和求知欲，这其中不仅包含着西方人对于中国事件的生动记录，也包含着他们的看法和态度。

现代传播方式的迅速发展，新闻报道可以跨越地域限制，在最短的时间内，向世界各地在同一时刻传播。人们透过电子荧幕，可以及时获取信息，眼中所见看似真切，实际永远隔着一层雾，看不清楚；而在摄影术并未普及、信息传播通道并不通畅的时候，报纸成为了当时人们了解世界大事最及时的方式，或许这其中存在着报道的谬误，甚至是幻想和猜测，但已经是当时人们最易打开的"世界之窗"。

《小日报》在办刊初期是以文学性报纸存在，长期规避党派政治，以向读者提供人情故事、浪漫小说和各类社论。1864 年 6 月 1 日，《图画副刊》出现在《小日报》中。1891 年开始，《小日报》在封面和封底增加彩印图片，图文并茂，生动性、故事性与艺术性并存，并持续半个世纪之久。可以说，正是因为这些图像，《小日报》才被世人熟知。

在当时，每一张图像都是由当时的高手制版，需要制作者和印刷工人相互配合，才能达到最好的印制效果。不少画报在当时的印量不超几千张，历经如此漫长的过程，况且又是极为脆弱的纸制品，能够留存至今实属不易。

"历史没有颜色，只有温度"—— 这些历经百年洗礼的纸张和墨色记录的不仅仅是一个场景，更是这些微小场景背后宏达的历史景观，饱含温度的情感记录。只有把它们捧在手里，这种历史的沉重感与真实感才会最深刻地呈现出来。《小日报》报道的有关中国题材（除部分日俄战争内容外）的图像如下：

日期	报道主题	日期	报道主题
1891-12-19	发生在中国的屠杀（酷刑）	1900-7-22	德国水兵火烧总理衙门
1891-12-19	发生在中国的屠杀（火灾）	1900-8-5	中国侵犯俄国边境
1894-8-13	一艘清朝军舰被日军击沉	1900-8-5	满洲教堂里的屠杀
1894-9-17	一名法国海关检查人员被中国人杀害	1900-8-26	军队万岁——军队从马赛出发前往中国
1894-10-29	日本画——日本军官从中国人处夺取军旗	1900-9-9	公使团被释放
1895-1-6	中日战争——上海门	1900-10-7	沃一龙将军（M. le général Voyron）检阅法国部队
1895-1-20	法国公使施阿兰（Auguste Gérard）受到中国皇帝接见	1900-10-14	受俄国和日本军队护卫的李鸿章
1896-7-26	法国的客人——中国特命使节、李鸿章	1900-11-4	挂在墙上的十四颗义和团民首级
1898-1-16	中国——国王和皇帝的蛋糕	1900-11-11	法国军队在保定府解救欧洲人
1899-12-3	两名法国军官在广州湾被杀	1900-11-25	世博会中国馆
1900-6-24	义和团	1901-1-6	北京主教法雷（M. Faller）
1900-7-8	西太后——中国女皇	1901-1-13	法国胜利
1900-7-8	战争戏剧图	1901-1-20	在保定府处决犯人
1900-7-15	中国正规军保护外国人	1901-2-17	马赛发生的事件　法国军队从中国返回
1900-7-22	德国公使克林德（Clemens von Ketteler）被杀	1901-4-7	俄英冲突

日期	报道主题	日期	报道主题
1901-5-5	皇宫大火——玛尔尚上校（Jean Baptiste Marchand）指挥救火	1905-4-23	日本人在满洲的残酷统治——亲俄中国官员被处决
1901-6-23	法国人回到土伦港	1906-10-7	香港台风
1901-7-14	朱阿夫团离开天津	1906-10-21	肆虐当地的巨匪瓦卡德（M. Vahkader）在上海被捕
1901-10-13	沃一龙将军抵达马赛	1907-3-3	中国饥荒
1901-11-17	向荣军院献出马达加斯加和中国的战旗	1908-7-12	东京湾同中国边界
1901-12-29	德国人和英国人在天津斗殴	1908-10-11	中国酷刑——在哈尔滨，犯人被捆着大拇指吊起来用铁棍打
1902-3-9	玛尔尚上校回国	1908-11-29	中国君主辞世——慈禧太后和光绪皇帝停柩于长寿殿
1902-4-6	法国和俄国——别这么着急！还有我们呢	1909-8-29	中国新军
1903-7-5	新的祸害——在法国的吸鸦片者	1910-3-20	达赖喇嘛抵达英国统治下的印度
1904-2-14	英国军官会见西藏人	1911-2-5	在上海，中国人当众剪辫子
1904-3-6	皇太后让皇帝看亲俄大臣的首级	1911-2-12	逃避瘟疫的民众在长城边被军队堵截
1904-7-31	法国和日本士兵流血冲突	1911-2-19	满洲鼠疫
1904-8-21	南非——中国劳工在矿场工作	1911-4-16	中国第一架飞机
1904-10-16	中国军队在满洲边境——马元帅和他的部队	1911-10-22	仓库里的娱乐
1904-11-20	拉萨的达赖喇嘛逃避英国统治	1911-10-29	中国革命——中国军队发展变化

日期	报道主题
1912-3-3	袁世凯剪辫子
1912-9-15	关于在中国推行欧式服装的讨论
1913-6-22	中国海盗袭击法国轮船
1921-4-10	中国饥荒
1921-11-27	一个新的职业
1922-10-15	在神秘的西藏
1922-12-3	中国女权运动
1924-6-8	"鸟人"在中国
1925-4-19	匪徒抢劫城市
1927-2-13	英国派军队前往中国
1928-8-12	将从中国海盗处夺取的旗帜安放在荣军院

利益决定心态，心态决定视角，相应也就反映在对报纸内容的安排上。

1900 至 1902 年，正值西方对中国觊觎之心强烈膨胀的时期，义和团起义、八国联军进入北京等重大事件不断发生，促成了西方人对于中国关注程度的提高。这种关注，直接表现在西方报纸对于中国报道题材与内容的增多上：刺杀德国公使克林德、德国水兵火烧总理衙门、八国联军从塘沽登岸直逼北京等等。这些图像中，既有与事件发生密切相关的重大人物，例如慈禧太后；也有普通的事件参与者，例如义和团民；既有记载重大历史节点的故事，也有埋没在浩大声势中渺小的片段。但无论它们以何种状态呈现，都得到了世界的广泛关注。

1911 至 1912 年，成为第二个西方人关注中国的密集时段，伴随革命党人逐渐走向中国的政治舞台，一系列带有"西化"色彩的措施和气象渐成社会风尚，西方人也开始重新认识中国，进而引发一些深刻社会话题的探讨。

如今，当我们收集这些图像，将其排列，呈现出一段历史，用于某种意图的言说，一种新鲜感会油然而生，它或予人启迪、或予人警醒。而这，也是我们去收藏与研究它们的真实意义所在。

如何解读图像历史

"读图时代"的到来，曾经流散在海外的中国图像在当下能够漂洋过海，丰满我们的历史记忆，为历史呈现另一种视角和景观，原本是件好事。但也正是如此境况，让历史变得并不纯粹，将这些图像与收藏市场过分联系，成为炒作的噱头；对于图像缺乏必要的解读，只是单纯罗列与简单编排。出版物的滥觞，虽满足了读者快速读图的欲望，实际上却是对历史的不负责任。

读图是一个伴随图像数量丰富而产生的新鲜事物，是现代社会科技发达的标志。身处于快节奏的社会，人们需要一些能够刺激眼球的图像，激发心中潜藏的求知欲，这个过程轻浮而快速，充其量也就是消遣的"浅阅读"。但百年之前，印刷业与平面媒体的发展并不发达的时代，人们的阅读通常还是以文字为主，在报纸当中出现的图像多是依附文字而来。这也就要求读者在观看这些百年前的图像同时，阅读背后的文字，两者相互印证，才能明白图像的真正含义。

读图会因不同人所持立场及认知的差异，产生不同的反应。西方人长期存在图像阅读的传统与习惯，有历史有渊源，所以读者在阅读图像时会形成某种特定思维，制作图像的人也会根据这种思维来制作图像，从而两者能够进行沟通与呼应。而国人对于图像的阅读习惯形成时间较短，并不存在某种"依循的规则"，在阅读西方图像的过程中会产生与原作者初衷很大的误差，甚至是完全背离的信息。所以当人们最初接触这些西方图像时，必须要通过文字来进行辅助，没有文字的西方图像只能是"天马行空"，落不了地。

不仅仅是先天差异，在一些对于图像解读上的肤浅认识，造成了时下图像历史解读的无序及混乱。

一件物料，尤其是存在年代差异的，在解读过程中一定会存在偏差，只有在当时的历史环境之下才有其最大程度剖析真相的可能，一旦脱离了周围的生存及历史环境，还原历史真实场景的难度就会陡增。况且随着其他辅助证物的消失，或者正在面临被损毁的危险，这样的解读与还原正面临着更大的困难。而一件物料究竟会以怎样的形式出现,归根结底还是要看它用于何种用途,用来表达何种目的,用来为谁服务,它的对象是谁。在真相面前,只有相对性的选取,而无绝对性的判定,真假都是可变的,而解读者自己也在为这件物料赋予二次生命。所以在我们视野当中出现的任何一种描述,都带有一定情感,无论是一条标语口号,还是大篇幅的评论著述,其最终目的都在通过这种信息传达体现对个人或集体价值的认同。

第一,你可能不是事件的参与者;第二,你有自己的立场和观点;第三,你带有某种意图,这三点决定了任何解读都是一种接近真相的目标性行为,而非真实、完整、确凿的复原性呈现。从这点上来看,任何一种解读都是不可不信,也不可全信的,甚至连自己的解读都是这样,只是我们一种脆弱、暂定的思考,会伴随时间的洗染和自己理解的不断深入而呈现一些新的思考和样貌。

但这不意味着解读无用,这种思考有现实价值也有其社会意义,尤其对于一些历史话题而言。社会的广泛解读有利于更好地完成历史的全面反思,不断发掘的历史物料也在丰富着人们对于原有历史的认识。从个人的角度来讲,这样的解读也在为人

们提供更多的信息,用以作为学术性或者是社会性争论的依据。解读过程中,先入为主最要不得,一些思想当中的固定范式和太过个人化的见解与思想,都可能成为正确解读资料背后史实最大的绊脚石。不管是正史还是野史,只要是经过人的处理、思想加工,必会存在谬误,在谬误的前提下再用谬误的思想进行解读,便是更大的谬误。因而必须把物料还原到历史当中,尽可能用当时的历史信息和背景,完成最符合当时条件下的情境组合。

所以面对历史物料,要认同它所描述的情感,抛弃成见与意识形态的前提,尽可能地走进由它所构成的历史;要亲身步入场景,以当时人的思想来进行思考,进行历史化的解读,这是必要的前提。

当然,历史信息纷乱而复杂,每一项有意义的研究都需要在这些纷乱的线索当中理出一条清晰的脉络,以便顺着这条脉络进行细致探讨。而这种探讨并不一定只是就事论事,针对现有材料进行分析,一定是借助于其他材料的记载,来综合推断一件事情发生的真实过程,这其中定会涉及到对事件的重塑。

面对一张图像,人们会产生一系列问题。

这张图像缘何而来？为何会产生如此景象？如此一来，我们便需要通过这张画表现的语言去还原历史，需要参考图像背后的新闻报道、中外文献及史实记载，去解释这些问题。在此时，这项工作就不仅仅是场景的复原，或者说是一个毫无选择的复制，这是一个重新整合材料、构建新的历史叙述的时候。

从事件发生到文字记录，从文字记录到画面呈现，从画面呈现到整体解读，经历过多次重塑的历史事件距离其原状已经发生很大程度的改变。从理想状况来讲，这种改变应当曲折且细致，深度不断加强。然而由于诸多人为因素，理想的状态很难产生，更多时候我们会选择运用现有的材料进行一些综合对比研究，这是一种重塑方式，加强了不同事物之间的内在联系，形成有规律的、模式化的成果。

重塑本身其实暗含着批判的意味，对待历史原本就需要以批判的眼光来看待。当然批判只作为解读历史的一部分，更重要的还是在于还原历史发生的真相和细节，这当中需要建立自己的语言体系以便重塑历史。客观地讲，任何历史都不能真实、完整地复原，每一个解读者所能做到的便是在现有基础上距离真相更进一步。

也许面对历史，人们需要抛弃一些成见与心中潜藏的功利心态，从对历史负责，对历史敬畏的角度上揭开图像背后的谜团。虽然人可以"图一时痛快"，但历史并不能如此。

重塑图像思维

图像的独立：
传统表达与摄影术

图像的独立要归因于摄影术的出现，摄影术的出现，促成了各种媒体在传播上的功能细分，确立了图像在信息传播的突出地位。

很长的时间内，绘画代行了许多后来新衍生媒体的传播功用，只是在近百年来才逐步呈现出向艺术化表达转变的趋势。不管从中国还是外国来看，绘画的信息传播功能都能得到十分充足的参照，例如古代佛教壁画当中所记载诸多佛教故事，所起到的描述、宣传等方面的功用。西方宗教美术，特别是基督教美术，将宗教故事作为画面主题，成为基督教广泛传播的基础。

版画的出现，使得信息可以广泛复制，只要制作出相应的模版，即可以在短暂的时间内复制出相同的内容，且相较于绘画而言成本更低，速度更快。最重要的是，版画使得书籍、报纸的传播不再仅仅局限于文字，更可通过画面表达，形象地传递出信息。

但版画制作也有局限，特别是在制版过程中，图像表达较为复杂，成本更高；而在印制过程中，由于印制纸张的纸屑会嵌入模版凹陷处，所以在印制一定量之后还需要对模版进行清理和复刻，无意间也加大了工作量。

石印画的出现恰恰解决了这个问题，艺术家直接用制版墨在石板上进行绘画，借助于油水相斥的原理，将图像印在纸上。这样既避免了由于多次印刷对于模版带来的损耗，也避免了繁复的刻版步骤，降低了成本。特别是彩色石印法发明之后，石印画的艺术性大大加强，与绘画之间的关联也愈发深刻。

1826年，法国人尼埃普斯（Joseph Nicéphore Nièpce）获得了第一张可以保存的照片，借助于独特的记录方式，观者可以直观、真实地看到现实景观，避免了绘画、版画的"二次创作"所带来的信息叠加而引起的误解。然而影像记录的成本高昂，也在短时间内无法进行复制，在信息爆炸的时代仍旧长期以"实验性"的地位存在。

十九世纪中到二十世纪初这个时间段，正是印刷技术的高速发展期，而文字传播的附加也使得这段过程十分可观。究竟摄影术的出现为图像带来了怎样的改变，不妨从它们各自的功能上找突破口。

其一是从真实性来看。绘画、版画都是依托于艺术家的"第二次创作"，即使绘画、制版技艺有何等高超，也只能最大程度接近真实情况；而照片依托光影的记录，能够真实地将某一时刻、某一场景、某种事物的某个姿态展现出来，这样的呈现与事实差别相对微小（这其中避免不了一些景观省略或是故意修片等人为因素），也避免了因第二次"再现"造成与事实的冲突。

其二是从技术的发展来看。信息的传播有赖于其传播技术，其中绘画是最为原始的，依靠的是绘画表现技术，并非纯粹的技术；而版画的出现依赖于印刷术的进步和发展，然而这其中更强调的是"直观可见"的技术，并依赖于人工作业，与当下人们所理解的技术仍有差别；照片的出现则依托于摄影术，更强调依托于化学、物理等现代科学知识，技术对摄影呈现本质

上的颠覆。

其三是就传播的范围和题材而言。绘画、版画的传播多集中于某个区域，碍于其在复制技术上的诸多劣势，难以得到广泛的传播。且由于表现手法的复杂性，表现题材的限制，存在认知上的障碍。而照片则最大程度"统一"了表现手法，均借助光影成像，可以跨越地域、时间的限制进行拍摄和呈现，易于观者的理解和接受。

其四是就传播的影响力而言。这点着重基于当下传播环境。绘画、版画都已经成为艺术门类，其信息传播的功能已经被弱化，现在多为研究、考证、藏鉴之用。但影像却是当下信息传播的中坚力量，不管是报纸、电视还是网络都需要影像的参与。传播作为动态社会的互动行为，其自身也在不断演变过程中走向更高层次。

图像的本质：
有形的视觉表达

探究图像的本质，须从解构图像开始，不妨将其分成三部分：客观事物、图像事物和图像主题，这是构成图像的三个关键所在。

所谓客观事物，无非是我们眼中所见，是实实在在发生的事件，包含着现实世界发生事件的各种复杂属性，这是图像构成的基础，图像中显示出的各种元素都可以从现实世界提炼出来。在客观事物的积累之上，通过选择框定出某个范围进行再现或表现或加工，从而就会形成图像事物，这其实就是图像呈现在读者眼前的样子。而图像主题则不同于客观事物和图像事物，它是事物选择的指导，也就是说选择怎样的元素来构成图像，最终依靠的是想要形成怎样的图像主题，想要表达什么主旨，这是一种方向性的指引。

三个清晰的环节，便可以为图像的形成过程梳理出一条脉络：在图像主题的指导之下，通过对于客观事物的加工取舍而形成图像事物，最终构成图像。

而从图像往回推导，读者通过阅读图像事物，从中结合客观事物加以理解和分析，进而试图了解图像所要表达的主题。一来一回，也就形成了制作图像和理解图像两条清晰的脉络。

同样作为视觉符号的文字，转换过程却比图像要复杂：同是客观事物摆在面前，文字表达需要将客观事物转化为文字符号，读者阅读后，再在脑中用想象力和理解力把文字还原成事物。如此一来，从客观事物到最终呈现，最少要经历两次文字与视觉之间的转换过程，这一来一回之间，读者所获知的信息与客观事物产生出入是不可避免的，相应解读的时间也会增长，难度也会提升。

故而，图像的出现减少了在信息传递之间由于转化而产生的损耗，相应地为读者带来便利。特别是影像记录诞生以来，读者可以通过现实场景的真实记录获取准确的信息。当然这样的获知也会因为影像记录篇幅而受限，不过总的看来，减少信息表现形式的转换可以最大程度的还原客观事实本体，无限接近真实，这也就是图像之所以能够确立自身地位的秘密。

何为图像的本质，简而言之图像便是有形的视觉表达。任何一种文字经过图文相互的转换，都会以统一的视觉呈现出来，即使是象形文字也是由符号组成，而非现实中的实在事物。图像的组成元素都是现实世界，有具体形态以供参照，因而是为有形的视觉表达。通过图像延伸至对画面元素的探究，再由画面元素找寻到画面后的背景，从而由一个有限的表达延伸至无限的联想与解读之中，这构成了图像的表达作用。

图像的大众传播：
激发欲望

如果说早期的宗教题材版画通过各类图像传播教义吸引信众，信息生产和传播活动尚未形成规模，那么依附于现代技术发展而不断演变的十九世纪末二十世纪初的报刊业，则通过广泛的图像应用显示出了大众传播的最初雏形。

但当时报纸一些有别于现代大众传播的现象，不妨从这几点来看。

从传播者的职业和组织来看。由于欧洲所处的特殊历史时期，以及技术本身的限制，传播者并非以报道新闻事件作为单纯的活动动机，他们的身份往往是复合的。从现今留存下的一些新闻来看，写作者或在当地经商工作，或在各地游历传教，或是随军的士兵或医生，只是在某一时间、某一事件的发生过程中充当了事件的观者，用图像的方式及文字记录并发回所在国，便成为名义上的"记者"。

从受众端来看。公众的文化水平虽呈现增长态势，但整体上仍旧处于较低水平。

报刊为了占领市场，获取更多支援，不得不根据自身的定位及受众调整经营策略，迎合读者的阅读需求，而这也就促成了报刊业内部的经营细分。如此前提之下，出现了针对平民大众的《小日报》《小巴黎人报》等廉价报刊，出现了针对不同政见者的政治报刊、不同阶层的专业类报刊，使得报刊业内部结构优化，分众化趋势明显。

从信息复制及传递来看。虽然远没有现代传播技术的广泛和迅速，但信息也存在着真实的传递。在此不妨通过一个实例来进行验证。

后页图 1，法国的《世界画报》（*LE MONDE ILLUSTRÉ*）曾经于 1902 年 2 月 15 日刊登过八国联军侵华时期清政府与列强和谈成功之后，慈禧、光绪回銮进京的现场纪实。而这张图像的传播轨迹其实并不是从法国开始，隔海相望的 *BLACK & WHITE BUDGET* 已经于 1902 年 2 月 8 日进行了报道，两者发布时间相隔一个星期，且画面呈现的景观近乎一致。如此看来，在当时的欧洲就已经形成了信息传递与广泛传播。

图像参与到大众传播，对于当时的欧洲而

言应当算是一件新奇的事物，这种封面图像，篇幅巨大，不同于传统意义上匹配文字的插图，鲜明而显目具有强烈的视觉表达。况且以当时的民众理解能力，过于繁复、晦涩的文字不易使他们轻松理解，图像这种通俗的表达方式可以促使民众更简单、快速获取信息，从而激发更广泛的社会讨论。

泛运用在观点的表达之上。基于此，带有方向性以及夸张意义的图像，抑或是带有强烈主张的图像由此衍生，也在一定程度上引领了图像发展的潮流。其中，政治漫画便是突出的代表。

政治漫画通常以领导人、党派及其所持的主张、政策为表现对象，借助于漫画隐晦而幽默的表达形式，通过适当的夸张和联

图像语言：
观点的赋予

图像本身并无观点，却能够作为观点的载体，用以各样的言说。

图像作为一种信息载体，其本身可以通过包装成为意识与态度表达的工具，它不仅仅能够记录现实，展示现实背后的故事，还能通过这种展示传递某种观点，激起某种议论、联想。从这个角度来看：图像可以纯粹，用以呈现自然景观；图像也可以复杂而性情多变，感情丰沛而意蕴深厚。

从传播的角度出发，图像的出现更多时候所起的作用是印证与互补，即与文字描述的事实相互匹配，从而达到丰满事实、增强真实性的作用；与此同时，图像也被广

——— 图 1（上）：《世界画报》1902/2/15 作者收藏

—— 右：BLACK & WHITE BUDGET 1902/2/8 作者收藏

BLACK & WHITE
BUDGET

VOL. VI.—NO. 122.]
Regd. at the G.P.O. as a Newspaper.]

[FEB. 8, 1902
[PRICE **2d.** Post free, 2½d

THE RETURN OF THE DOWAGER-EMPRESS AND THE EMPEROR OF CHINA
TO PEKIN

(Drawn on the spot by Sydney Adamson)

想，利用不同事物串联起来的巧妙关系，形成讽刺和抨击的表达效果。这样既避免了文字描写所带来的认知差异，以及横冲直撞带来的强硬抵触，又能巧妙的通过画面来增强表达效果，达到更大范围的社会影响。

正因为图像这种特殊的表达方式，注定了图像本身所带有的强烈主观意志和态度。阅读者往往需要通过结合自身经历，加以跳跃式的想象和联想，更好理解图像中所要传达出的意义。

图像的观看：
重现可观历史

摄影术尚未发明之前，人们对于世界的记录方式只有自己的脑子和手中的各种工具。人的记忆容易遗忘，因而需要不断重复；由手中的工具加工出来的建筑、画作、雕塑和各类器物所记录下的景象也不完全真实，带有个人化的见解。摄影术可谓解决了这两种记录方式的缺陷，以最快的速度记录下一瞬间的景象，最大程度保留了场面的真实性和诸多细节，纵然可以通过修片来完成对于某种客观事实的主观变化。

图像之所以有价值，就在于其将历史作为可以沉淀、可以赋予的人文载体，正如冯克力在《当历史可以观看》一书中讲到的那样："我们通常说，经过了岁月沉淀的照片才有意思，而这'意思'不是别的，正是后来历史的演变下所赋予、所附加于照片的那些价值。"正是产生了这样的时光差异，人们才能从这些记载着历史的物件当中找到线索，从而进行考证与解读。

一谈到图像的观看，必然要讨论观看方法，"法"的东西，一方面是依托，一方面是阻碍，在图像解读上更是如此。基于不同的历史环境与背景，处在不同的立场上，加之个人认知与视角的差异，对于同一件事物的看法也会不尽相同。"法"只能引导解读遵循某种轨迹前行，却无法左右解读的内容，"尚法"重要，但绝不能囿于"法"中。

由于不是历史场景当中的参与者和见证者，所有解读都是以一个旁观者视角进行的考证与推敲，借助于各种史料和当事者的口述，加之对于信息的推理、分析和组织，最终将图像描述转换成为文字表达。如果说解读所必备的"法"，必然不能缺少实物和史料，另外还需要将其放置于大的历史环境中，或是通过个体生命影射时代记忆，或是由时代记忆推演到个体生命中，不管运用何种方面知识、怎样的分析方法。

解读图像，就是要让历史与现实形成交集，最终使得"历史能够观看"，仅此而已。

被列强瓜分的蛋糕

Chapter II

利益——纷争的源头，亦是历史的话题。

从掌控国家权力的慈禧、李鸿章、袁世凯，到西方诸列强，在利益面前，都有自己的考量与打算。

传统观念的笼罩之下，我们所认识的慈禧、李鸿章和袁世凯成了卖主求荣的"坏人"，列强次次出击，也只是为了分割中国这一巨大的利益市场，满足征服别人那一刻的虚荣。

事实真的是这样吗？

一个急速下落的国家，单凭几个人是托不起来的；列强们看似"齐心协力"的讨伐，到最后都要用些不愉快收场；膨胀的人口，是西方人恐惧的源头，也成为他们先发制人的理由。

光环与阴影

英雄主宰历史还是人民主宰历史，"精英史观"和"人民史观"的争论就从未停息。漫长的历史长河当中，究竟有多少英雄真实存在，有多少英雄是人为夸大创造出来的，这难以一时分清，比如路易十四就是典型被加工出来的暴君。平心而论，如果缺少了这些大人物，历史的片段中将会缺少起伏和曲折，也会因此少了个性的流露；但过度强调英雄创造历史，会将这些大人物背后的小人物的贡献磨灭。

《小日报》当中，曾经两度在封面刊载中国人的肖像，一次是慈禧，一次是李鸿章。

图1的西太后肖像刊登于1900年7月8日，而图3的李鸿章肖像刊登于1896年7月26日，纵观《小日报》的发行历史，除了把西方国家元首、皇帝肖像作为封面人物，西太后与李鸿章的这两张报纸是为数不多的两位"外国领导人"封面。

刊发西太后肖像的时间点很有意思，1900年6月20日，德国公使克林德在西总布胡同遭袭身亡，6月21日，清廷向英国、美国、法国、德国、意大利国等十一个国家宣战，随即清廷官兵百姓都投入到抗击斗争当中。7月8日刊登的西太后照片，像一个标志，即中国开始与十一国为敌，公然宣战。

女皇的形象很奇怪。她有男人的精神、力量和身体；有人说她在神秘的皇宫中，通过搏斗战胜了她的对手。

两年前，她突然垂掌政权，她不知打了别人多少耳光，获得了对她侄子光绪的摄政权。女皇七十多岁了；有人曾误认为她是手艺人的女儿，其实她是贵族将军的女儿，十六岁以妃子的身份进宫。

正宫皇后，即东太后，头五年没给咸丰生儿子，使皇帝权力受损。根据传统，皇帝不得不指定一个继承人，此人享有重要特权。

慈禧幸运多了，她有一个儿子，与皇后一同养育，且两人在各方面意见一致。

皇帝没有让她们摄政，皇帝下葬后，

图1《小日报》1900/7/8 作者收藏

Le Petit Journal

SUPPLÉMENT ILLUSTRÉ

Le Petit Journal
CHAQUE JOUR 5 CENTIMES
Le Supplément illustré
CHAQUE SEMAINE 5 CENTIMES

Huit pages : CINQ centimes

ABONNEMENTS

	SIX MOIS	UN AN
SEINE ET SEINE-ET-OISE	2 fr.	3 fr. 50
DÉPARTEMENTS	2 fr.	4 fr.
ÉTRANGER	2.50	5 fr.

Onzième année   DIMANCHE 8 JUILLET 1900   Numéro 503

SY-TAY-HEOU
Impératrice douairière de Chine

她们把摄政的大臣依序砍头或毒死。

西太后的儿子同治早死，她立了她妹妹和醇亲王的儿子光绪，谎称是皇帝的遗嘱。

两年前她又推翻了光绪，还抽他耳光。

另一太后早已死去，西太后独掌大权，此前，恭亲王和李鸿章曾同她一起掌权。

现在发生的针对欧洲人的事件，无疑是她的杰作。她说只反对英国人，可能是为分化对手，但盟国不会被这个人骗了。

法国人对于慈禧的评价一向不高，尤其是在她向联军宣战之时，洋人除了在讽刺其以卵击石之外，不忘描述她对权势的极度占有欲，以及她与洋人的较量与周旋。为了保有自己的权力，她无视他人性命，不怕与洋人作对，也绝不吝啬自己的"耳光"。

但慈禧也并非一无是处，在推动中国现代化进程中，慈禧也曾有过非常积极的举动。而这些场景，却很少出现在慈禧的史料记录当中，也与时人所认识的慈禧大相径庭。1911 年 2 月 5 日的《小日报》在描绘中国的现代化进程，对慈禧这些有进步意义的举动进行了相当细致的描绘：

中国现在正进行现代化和西化。十五年来，中国表现出了与传统反战思想相决裂的倾向。1894 年中日战争以及 1900 年联军进入北京，在让中国遭受到剧烈损失的同时有了深刻的教训。从那时起，中国政府要建立一支军队，为此他们聘请日本教官，派年轻人去欧洲学习，派中国军官去观摩军事演习。今天，中国军队有统一制式的军服和装备，按照西方的运作标准，中国同样也在改革行政，高官在欧洲考察我们的行政运作。

中国正在进行一场朝向人民的革命，这场革命不仅发生在组织当中，也表现在思想观念的领域上。1908 年去世的慈禧曾经全力支持这个变革，希望通过改革妇女教育并且使得妇女教育朝着欧洲的标准发展。慈禧首先命令皇族的女孩要学习新东西，她在 1905 年从欧洲买了六架缝纫机，第二年又花了三十七万五千法郎在北京建了一所女子中学。但是她提出了一个要求：学校不教授拉丁文，只教授刺绣和养蚕。1903 年，慈禧要求家长不得让女孩缠足。

八年前，慈禧命令禁止缠足，两江总督，江苏、安徽、江西巡抚都相继发布命令禁止缠足，缠足会使母亲的善良受到影响，影响女子的贞操，使女子身体虚弱，也会因她们的虚弱而造成家庭的贫困。这些御令颁布之后在杭州张姓家族举行了一个家庭会议，年纪大的族人都发言，年轻的族人背诵反对缠足的诗，所有女性一致同意废除缠足，甚至有的中国女性要求做手术以让她们的脚恢复正常。就像中国驻美国公使的夫人一样，她在 1905年接受了一个脚部整形手术。

慈禧御令受到广泛欢迎，富家女表示接受，但是在底层有些地方，传统还是根深蒂固，一些妇女继续缠足，慈禧为此大为生气。后来她又专门颁布诏书，如果女儿缠足，父亲不得参加科举，此举产生极好的社会效果，几年之内这种恶俗就消失了。

慈禧同样关心男人的脑袋，就像关心女人的脚一样。1903 年她表示如果男人愿意的话，可以剪掉自己的辫子。由于慈禧一开始允许大家剪辫子的时候，大家显得很犹豫，她在 1904 年

底颁布御令，从 1905 年正月开始（2月 4 日），中国军队中的官兵要剪掉自己的辫子，同时邀请三品以上官员也剪辫子，所以几个月来中国的"发型革命"正在快速发展，在各大城市都出现了这种景象。

1910 年 12 月，在香港六个德高望重的人当众剪了辫子，旁边还有人奏乐，几百个人随后也跟着剪了辫子。

但是这场运动让一些商人感到担忧，这些中国人不仅要剪掉辫子还要改变服饰。因此三年前，中国的公共教育部颁布法令，禁止中国学校的学生穿着洋装。但因为穿长袍马褂影响做操，所以在做操的时候，学生可以穿着洋装，但是洋装必须用中国生产的布料。

欧洲的时尚逐步在中国站稳脚跟，剪辫子就是人们朝着欧式发展的第一步，中国已经注定要朝着欧洲文明的方向发展。也许速度慢，但会像日本一样坚定。

剪辫子与清廷统治看似密切关联，不少人认为剪辫子实际上意味着清廷统治力的衰弱，民众开始有强烈的反抗意识。但从慈禧下令剪辫子这件事来看，如此论断也值

得商榷。尤其是到了清廷统治的最后十年，清廷在不断的失败中意识到了现代化的必要性，闭关锁国并不能阻挡现代化的潮流。而作为这个国家的实际掌权者，从不许女人缠足，到对于男人剪辫子持宽容的态度，逐步表现出了慈禧接受现代思想的过程。况且缠足、留辫子在生活当中的确多有不便，慈禧也深谙此道，不想因为这些落后的习俗干扰中国的现代化。私心一点来讲，放手是另一种掌握——靠强硬手段的压制不利于清廷的统治，更不利于慈禧掌握权力。

这样生动的片段，很少出现在中国人的认识当中，通常人们对于慈禧的认识一贯都是片面的，只认为她控制欲极强，不惜用整个国家的未来作为赌注。

1907 年 6 月，法国《插图报》（*L' ILLUSTRATION*）曾经刊文，对慈禧后期的执政进行了一番梳理与评价：

在甲午战争失败后，慈禧明白要重塑中国的形象。她勇敢地放弃了传统，领导改革运动。她是在压力和当时思潮推动下进行改革的，目的是维持住中国帝国。

她很好地控制着改革，让人相信她会成功。虽然岁月磨去了她的热情，改变了她异想天开的个性，但精神和身体依然坚强。慈禧接见使团夫人时，尽管她已经七十四岁，但在花园里仍旧像小女孩一样爬过假山，搞得跟随的使团夫人们气喘吁吁。

但这一切总要结束，最坚强的人也要接受岁月的规律。一年半前（1906年），她患过面瘫，身体大受影响，能力下降，只能偶尔来施政。近期事件的影响，让她的决策显得思维混乱，从而让国家形势愈来愈危急。她一会儿倾向这边，一会儿倾向那边，有时候的理由显得很幼稚。最后一个向她谏言的人总是有理，有些大臣失宠被召回朝廷，觐见慈禧之后如日中天，几天后又失去信任。

慈禧的多变导致政策没有连续性，因而改革也随之变来变去。两年来，中国的政策反复程度为他国所未见。政策的多变加剧了大臣的对立，毕竟谁都想得到慈禧的重视。而此时的中国，恰恰需要的是团结，只有慈禧能够将对立的集团拢到一起。一旦她失去控制力，随着革命思想的传播，中国将陷入混乱并最终终结。她似乎看到了这一前景，拼命想去避免，因而她调解对立集团，启用袁世凯、张之洞，让两人联手以缓和他们的矛盾。可以感到她在努力将各股势力集合在摇摇欲坠的皇权周围，但着实步履维艰，这让能够读懂事实的人感到悲伤。

今天这位绝望挣扎以满足统治的女皇被病魔和岁月侵袭，但看上去仍旧让人印象深刻。尽管矮、胖、身材平常，但一种超现实的力量使她自有威望。长脸、钩鼻、敏锐的目光使她有君临天下的面容，但这还遮不住疾病造成的面颊下垂和嘴唇歪斜，她的声音轻柔而果断。

与一些中国和满洲的女人不同，她不化妆，指套、华丽的衣服、首饰、珍珠头饰把她打扮得像偶像一样。除了欧洲人外，包括皇帝在内的人都跪着和她说话。

这就是四十七年以来统治无数黄种人的远东女皇，给我们留下印象的，不仅是她多变的生活经历、神授仪表以及强大的权力，更重要的是她是一个古老而垂死文明的代表，辉煌的历史将随她一起进入坟墓。

慈禧的宣战彻底激怒了洋人，一场战争在所难免。图 2 是当期《小日报》的内页，印有一张八国联军进入中国的地图，上面明确标志了中国的重要港口和城市，以及英、法等国军队的行进路线。在华北地区有一个大大的红圈，图例当中明确指出北京、天津、塘沽，而后来的侵略路线正是从天津登陆，进而攻下北京城。对此法国人写道：

我们今天发表的图可以使读者了解在中国发生的事件情况。

反外国人的暴乱从北京开始，得到中国政府暗中支援，后扩展到所有有欧洲人的城市。

动乱从云南发展到长江流域。法国人在云南修铁路以连接云南府和东京湾（位于越南北部，即现时的北部湾）殖民地，长江流域是英国的势力范围。

在云南我们的领事被非法扣押，在法国政府强力交涉后才同家人一起获释。

欧洲各国及美、日纷纷干涉，以保护侨民，恢复秩序，维护铁路权益，欧洲公司刚获得铁路权，以发展同西方的交通。

决定性行动只能在各国增援抵达后展开，尽管欧洲人在人数上与中国人相比处于劣势，但轰炸塘沽，解放天津已经使对手感到害怕，变得老实了一些。

相较于慈禧，法国人似乎更加关注李鸿章，作为清廷举足轻重的大臣，李鸿章的一举一动无不在释放新的信号。1896年7月13日至1896年8月2日，李鸿章带领一个考察团来到法国进行考察，而这次考察也得到了当时法国政府及媒体的高度关注。李鸿章到达法国之前，法国政府特地为接待李鸿章的事宜召开会议。图3，《小日报》罕见的在7月26日头版刊登了一张李鸿章身穿黄色马褂的半身像，这是东方人面孔首次登上西方的主流报刊。

在法国的二十一天，对于李鸿章来说意义重大，他参观了法国的工厂、银行、煤矿，并拜会了法国总统富尔以及法国外交部的诸位要员。特别值得说的是，7月14日是法国的国庆节，李鸿章作为贵宾出席了法国国庆节的庆祝活动，包括阅兵式和焰火晚会，待遇之高实属难得。但李鸿章却对7月14日的整个仪式印象一般，他认为检阅部队的环节很出色。但是总的来说，他

的态度始终保持低调，以免在欧洲体现出厚此薄彼的情绪。

李鸿章在整个访问之中，很关注欧洲的工业进步，特别是在军事技术的进步，有法国人认为他访问欧洲是带着很多军事目的的。

法国人记录了如下情景：

一位来自远东的特殊政治家正在欧洲访问。

李鸿章并不总是高兴，特别是在对日战争之后，皇帝先赏后杀，去掉了他的黄袍马褂，这一受皇帝恩宠的象征。现在他穿的黄马褂回去后会不会被夺去？不得而知。

要判断他的任务是否成功，首先要知道任务是什么，这很微妙。李鸿章什么都看，什么都考察，但什么也不说。

德国人给了他盛大的场面，手里拿着订单本，等着订购军火、武器和聘用教官。李鸿章表现得很满意，但对采买很冷淡。

在法国，我们让他去了隆尚宫，他好

图2《小日报》1900/7/8 作者收藏

SIBÉRIE

EMPIRE RUSSE

Irkoutsk

Lac Baïkal

Tchita

Strietensk

Chita

Blagovechtchensk

Amour R.

Khabarovka

MANDCHOURIE

Kiakhta

Onon R.

Selenga R.

Kerroulen R.

Khaïlar

Tsitsikar

Sungari

Nikolskoïe

Désert de Gobi

MONGOLIE

EMPIRE CHINOIS

Bédoune

Girin

Vladivostok

PÉ-TCHI-LI

Moukden

Yng-tchouang

MER DU JAPON

Kalgan

Ning-tchéou

Grande Muraille

Yong-ping

Ninan

PÉKIN

Tien-tsin

Dalny

Ta-lien-Ouan

Sensan

Ya-lou

CORÉE

SÉOUL

Pao-ting

Takou

Port-Arthur
(à la Russie)

Wei-haï-weï
(à l'Angleterre)

Hai-Yang

Tchemoulpo

Tai-yuen

CHAN-SI

Hoang Ho

Ts-nan

Yang-tchéou

Tché-fou

Wei

JAPON

Kioto

Kobé

Lan-tchéou-fou

Hoang Ho (fl. Jaune)

CHANG-TOUNG

Baie de Kiao-tchéou
(à l'Allemagne)

MER JAUNE

KIANG-SOU

Île Quelpaert
(à la Corée)

Nagasaki

ÎLE SIKOK
(au Japon)

SE-TCHOUEN

Tching-tou

HO-NAN

HOU-PÉ

Nankin

Ou-hou

KIOU-SIOU
(au Japon)

Si-ngan

Pékin-kiang

EMPIRE CHINE

Han-kéou

Chang-haï

MER DE CHINE ORIENTALE

Yang-tsé-Kiang (fl. Bleu)

Tchoung-king

Litchang

Kiou-kiang

Ou-tchéou

Nang-po

TCHÉ-KIANG

Souï-tchéou

Siang-tan

Wen-tchéou

HOU-NAN

San-tou

Baie de Nam-houen

Îles Riou-siou (au Japon)

YUN-NAN

Yun-nan-fou

KOUANG-SI

Mio-k

Baie de Sam-sah

Fou-tchéou

FO-KIEN

Amoy

Tamsui

Kéloung

Tropique du Cancer

Mong-tsé

Ou-tchéou

Canton

Swatow

Chevron

FORMOSE
(au Japon)

Takou

Hanoï

TONKIN
(à la France)

Lang-tchéou

Pe-haï

Kiang-tchéou

Macao

Hong-kong
(à l'Angleterre)

Îl Pescadore
(au Japon)

Haïphong

Baie de Kouang-tchéou (à la France)

ILE HAÏ-NAN (à la Chine)

ANNAM
(à la France)

Hué

MER DE CHINE MÉRIDIONALE

SIAM

Î. Luçon

ILES PHILIPPINES

Manille

Eug. Létot, del.

Explication des Signes

Échelle en kilomètres

Frontières	
Chemins de fer	
en construction	
en projet	
Lignes ou Câbles télégraphiques	
Possessions françaises	
russes	
anglaises	
allemandes	
portugaises	

Le trait — indique le théâtre de la guerre :
PÉKIN, TIEN-TSIN, TAKOU.

LES ÉVÉNEMENTS DE CHINE
Carte du théâtre de la guerre

像有点累，他看了埃菲尔铁塔、巴黎歌剧院，在爱丽舍宫接受招待。他出席了晚宴，但跟没去一样，因为他只吃中餐。这好像透露出一个信号，他只看不参与。他通过翻译与总统交谈，向总统赠送了皇帝及他本人的礼物，会见了现任及前任部长。正如古斯腾斯（M. Constans）所说，大家都为他着迷，但谁也没得到一句重要的话。

这位用水晶扣子的大臣不说一句真话。

他经过街道时，好奇的人向他欢呼，以他的精明，他会琢磨这是为什么。我们从来就不太喜欢他。

无论如何，如果他对法国之行没好印象，就太忘恩负义了。法国总是好客的，李鸿章回国后可能会想到这一点，我们希望但不指望。

在甲午战争之前，李鸿章曾经视察天津的一所兵工厂。但是因为当时从西方采购炮弹费用很高，工厂又没有充足财力来购买，所以他们用陶土制造了一个假炮弹，刷上黑漆，借此成功糊弄了李鸿章。在李鸿章视察完之后，这个炮弹被摔碎了卖给一个英国人，英国人用它来铺花园。中日战争失败，日本人占领了威海卫之后，缴获了不少用陶土、锯末为材料制作的炮弹，射击之后都不爆炸，当然也不能用于战斗。

还有人说，中国的军舰出征时竟然没有大炮，原来是中国舰长把大炮典当出去了，开拔的时候还没有赎回来。后来，中国政府订购了制造炮弹的机器，机器如期运抵中国。两个省的大臣都想把机器弄到自己控制的地盘，但迟迟争执不下，所以他们每个人拿走了这个机器的一部分零件，战争开始的时候这些零件还在相距遥远的两个地方。

显然，李鸿章希望通过在欧洲的访问，学习欧洲人在军事管理上的先进经验，以便改变当下国内捉襟见肘、甚至有些荒诞的现状。虽然李鸿章心中急切，但在表情上却并不过分流露。"只看不参与"——法国人对于李鸿章的访问做了一个形象注解。

其中有一个细节特别值得注意：由于西方人的晚宴多安排在晚上七点半或是八点举行，习惯六点吃饭的李鸿章特地在下榻的寓所叫自己的厨师做了几道中国

图3《小日报》1896/7/26 作者收藏

Le Petit Journal

SUPPLÉMENT ILLUSTRÉ

Le Petit Journal
CHAQUE JOUR 5 CENTIMES
Le Supplément illustré
CHAQUE SEMAINE 5 CENTIMES

Huit pages : CINQ centimes

ABONNEMENTS
—
	SIX MOIS	UN AN
SEINE ET SEINE-ET-OISE	2 fr.	3 fr. 50
DÉPARTEMENTS	2 fr.	4 fr.
ÉTRANGER	2.50	5 fr.

Septième année

DIMANCHE 26 JUILLET 1896

Numéro 297

LES HOTES DE LA FRANCE
Le vice-roi Li-Hung-Chang, ambassadeur extraordinaire de Chine

菜垫垫肚子，法国人还特地将菜谱抄了下来放入报道之中，可见当时西方媒体报道的细致程度。

李鸿章生活得比较简单，我们可以通过一张菜单看出来，在他被邀请去爱丽舍宫参加晚宴之前，他用了一餐饭包括：鸭子豆角，黄瓜、酱炒肉片，葱、蘑菇爆虾仁，炖鸡，香菇叉烧肉，鸽子肉泥，米饭。他的随从吃的大米都是从国内带来的，他们喝茶，但是不加糖。

李鸿章曾经写道："我邦自炎农唐虞以前，以天下为公；赢秦而降，以天下为私。以天下为公则民主之，以天下为私则君主之"、"至我大清，海禁大开，而中外之气始畅行而无隔阂，此剖判未有之奇，圣贤莫测之理，郁泞勃然而大发，非常于今日，殆将复中国为天下大公之局。"可想而知，作为一个弱国的特使，民主与开放只不过是纸上谈兵，即使考察了，实现它们也并不现实，面对法兰西的一片日新月异，纵是心里歆羡，也深知羸弱的大清难以复制这样的景象。踏上别人的领土之时，笑是苦的，心是涩的，李鸿章深知国家处境的艰难。法兰西人愈是荣耀的招待，愈让人不由地屈服于强大。

法国人在李鸿章访问时，也开始思考中国军事发展迟缓的症结所在，同时表露出自己的担忧：

在发动大的战争，或者在进行军事重组和培训之前，中国应该对自己的执政理念进行改革。如果没有这一条，尽管中国像日本一样获得了现代的战争机器，它也不可能像一个真正意义上的国家。

但是，今天的中国人可以对欧洲人发动一场经济和工业的可怕竞争，他们能够悄悄派劳工渗透欧洲，这些人生活简单、可以接受极其低廉的工资。最近德国的一家工厂就雇佣了大批中国人。

一旦中国人在工业上强大起来，他能够以极其低廉的价格生产我们需要的产品，任何海关壁垒都无法抵挡这一进攻。

我不知道欧洲的文明如何抵挡这一灾难。

不管是西太后，还是李鸿章，都是中国近代史上的大人物，鲜艳的光环从他们走向历史舞台之时，便已不由自主照在身上。

也许在失败和颓势面前，他们所做的一切
努力都被历史的阴影与厚重所笼罩，但这
些努力不该被忘却，他们也是历史组成的
一部分。毕竟人就一个，手只有一双，托
不起那个急速下坠的中国。荣耀只是一
时，但这并非就意味在失败和颓势面前需
要承担所有。

暗地博弈

破败不堪的清廷，已经没有了维护国家尊严的资本，只能靠抵押国家资本换取自己的尊严。而抵押国家资本的直接后果，便是国力每况愈下，国民积贫积弱，丧失了抵御外敌的动力与能力。借着义和团在北京起势，威胁在华侨民生存安危，各国联合调兵进京保护使馆区，清廷自然无力阻拦，只得打开国门。

引狼入室，这些国家当然不满足于保护自己的侨民，还要趁机侵占中国领土，并在已占领的地区划分势力范围。攻进城虽然容易，但分蛋糕的人一多，自然会起争执，各国都希望抢到更多、更好的蛋糕，同时也费尽心思保护好自己已经拥有的部分。

在《小日报》中，不乏对于国家之间产生的矛盾进行的报道，虽然都是极其微小的景观呈现，但却成为窥见洋人"窝里斗"的缩影。

图 1 是 1901 年 4 月 7 日一张俄英冲突的图像，这张图像出现印刷上的技术失误，将领身后的中国人似乎"身首异处"，让画面呈现出异样的表现效果。俄军英军冰冷对峙，场面严酷。

一起严重的、由充满侵略思想的英国人制造的事故，险些给世界和平造成巨大威胁。管理一条从天津到北京的铁路线的一家英国特许公司想要肆无忌惮、厚颜无耻地在俄占区划停车线，甚至准备取消定界线和摘下俄国国旗。

英国人为了实现自己的目的，驱逐在英国工厂中的中国工人，虽然数量不多，但也引起了工人们的强烈反抗，而嗅觉敏锐的英国人也似乎嗅到了事态的火药味。在一旁观战的法国人也开始表明自己的态度："此种行为或许在软弱和胆小的国家能够成功实现，但绝不允许在我们同盟国中出现。"

英国虽在当时遥遥领先，却一直对其他国家心怀戒心，特别是对俄国的领土扩张。庚子事变之后，英国为了平衡远东的利益分配，对美国对华开放政策持肯定态度，看似正义的主张背后实际是英国打小算盘

图 1《小日报》1901/4/7 作者收藏

EN CHINE
L'incident russo-anglais

的结果。

右页图 2 出现在 1901 年 12 月 29 日的《小日报》上，题为"德国人和英国人在天津斗殴"。画面当中，德军与英军印度雇佣兵剑拔弩张，一位德军士兵头部受伤单膝跪地，旁边的雇佣兵似乎已经中弹，身体后仰。另外两个雇佣兵虽势单力薄，步枪被德国兵夺走，德军士兵的枪口也早已对准了他们，但有一位仍不肯罢休，怒目而视，似有所诉。

图像背后有如此记载：

在天津，发生了一件奇怪的事件。

一位在英国服役的印度旁遮普邦的四级军团士兵突然发疯一般地杀害了他的两位同伴，并且在被制止时伤到了第三位。

在这之后，他竟然不明不白地逃脱了，一直逃到德国租界。他冲进一家生活用品商店，安保员亚伯特因此重伤，并且他连开数枪致使其他三人严重受伤。最后，他被一位德国哨兵杀死，这位德国哨兵当时正勇敢地保护自己所采购的食物。

这位勇敢的哨兵甚至把他直接打倒在地，与此同时四位军人赶来将行凶者制止。

以上为官方说法。除此之外我们找不到其他的可作补充的事实。

我们将这种极端的疯狂行为称作"杀人狂"，然而，这种行为在中国这样一个屡次被德国和英国侵占和瓜分的国家里却是罕见的。

从上述报道之中，我们不难获知这件事发生的蹊跷，甚至有充足的理由怀疑这件事发生的真实性。印度雇佣兵的动机或许只能成为一个谜，也可能是作者借着德英冲突的背景向观者所开的一个"无厘头"玩笑。

诸如此类的，还有后页图 3，于 1904 年 7 月 31 日，法国和日本士兵的流血冲突。

一个是法国，另一个是日本。他们最近爆发了血淋淋的争端。

一个隶属列斐伏尔将军（M. le général Lefebvre）的殖民地步兵连在长海口岸（位于贝池力海湾北部，即中国万里长城到达的地方）安营扎寨，这个步兵连叫做"拉米乐－鲍

━━━━━━━ 图 2《小日报》1901/12/29 作者收藏

Le Petit Journal

SUPPLÉMENT ILLUSTRÉ

Le Petit Journal
CHAQUE JOUR 5 centimes
Le Supplément illustré
CHAQUE SEMAINE 5 centimes

Huit pages : CINQ centimes

ABONNEMENTS

	SIX MOIS	UN AN
SEINE ET SEINE-ET-OISE	2 fr	3 fr 50
DÉPARTEMENTS	2 fr	4 fr
ÉTRANGER	2 50	5 fr.

Douzième année

DIMANCHE 29 DECEMBRE 1901

Numéro 580

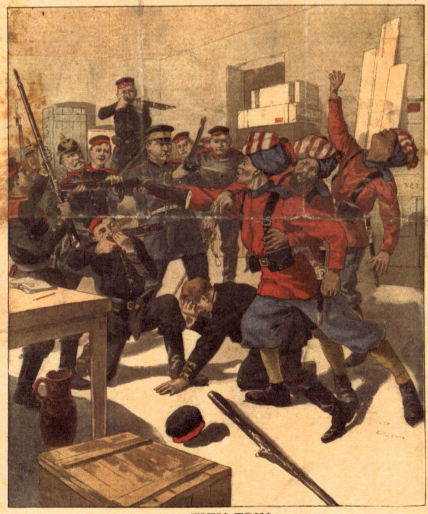

A TIEN-TSIN
Rixe entre Allemands et auxiliaires anglais

提埃"（Amiral-Pottier）。

在他们不远处，就是日本士兵的驻扎部队。

事件发生至今已经将近六个月，在满洲和韩国展开，同时也加剧了小日本的嚣张气焰，并使其邻国对此无法忍受。

在日本和法国之间，已经有一些特殊的争执被其公务人员制止了。

此次，由于有大量的伤亡，这场争吵的爆发并没有推迟其转化为一场真正的战斗。双方均使用了武力。当警察和守卫将打斗者制止时，有十人死亡（包括七个日本人和三个法国人），十七人受伤（包括十二个日本人和五名法国人），他们均倒在地上。

法国和日本官员采取严厉措施，以阻止类似冲突再次发生。

画面左侧，一个身着和服的日本女人正在极力躲闪，以免法国人的刃刺伤及自身。法兵和日本兵可谓剑拔弩张，场面乱作一团。在法国人的绘画当中，日本人略微处于劣势，其中两个人已经栽倒，利刃正在向他们的身躯迫近；一个法国士兵胸部也被刺中，右手紧捂止血，而他后边的法国人似乎遭到日本兵的袭击，尖刀直接刺向了他的天灵盖。

日本女人身后的那个中国人显然已经被眼前发生的一切震慑住，眉头紧皱，表情恐惧；他旁边的中国人也很恐惧，身体向斜侧。而更多的看客还没有这两个人勇敢，多是站在棚子外面看热闹，尤其是站在前面的三个男人，探头往里瞧又不敢接近。

虽然呈现的都是些细碎的片段，但这本身便是一种提示，一种征兆，列强的联手实际上也是国家间因利益分配而展开的博弈。

正所谓："攻城不易，守城更难"，诱惑面前，即使是曾经勾肩搭背的兄弟也会撕破脸，况且各国在进中国之初便抱着不一样的目的，在日后出现摩擦和分歧也不足为奇。

换一个角度来看，也正是在利益交集的复杂境遇中，才能留出空隙予一些人以生存的机遇，清廷算一个"幸存者"。清廷虽有名无实，但它的存在能平衡各个国家在利益分配上的需求，形成制衡，这印证了那句老话："存在即意义"。

——————— 图3《小日报》1904/7/31 作者收藏

Le Petit Journal

Le Petit Journal CHAQUE JOUR — SIX PAGES — 5 CENTIMES
Le Supplément illustré CHAQUE SEMAINE 5 CENTIMES

5 Centimes **SUPPLÉMENT ILLUSTRÉ** 5 Centimes

Le Petit Journal QUOTIDIEN, 5 cent.
L'AGRICULTURE MODERNE, 5 cent.

Le Petit Journal militaire, maritime, colonial 10 c.
LA MODE du Petit Journal, 10 cent.
On s'abonne sans frais dans tous les bureaux de poste

ABONNEMENTS

	SIX MOIS	UN AN
SEINE ET SEINE-ET-OISE	2 fr.	3 fr. 50
DÉPARTEMENTS	2 fr.	4 fr.
ÉTRANGER	2.50	5 fr.

Quinzième année   **DIMANCHE 31 JUILLET 1904**   Numéro 715

EN CHINE
Sanglante querelle entre soldats français et japonais

戏谑下的思考

政治漫画在现在看来再正常不过，把人物、事件，以及公众或个人对此事件的态度，进行细化、加工和处理。既避免了文字描写所带来的认知差异，又能巧妙通过画面来增强表达效果，达到更大的影响。而在一百年前，如此报道手段的出现，在传播方面起到了很重要的推动作用。其画面感的生动，构思的巧妙，让每位观者对于西方政治现状有了最为直观的了解。

1898 年 1 月 16 日的《小日报》上，第一次出现了中国题材的政治漫画。

欧洲正忙着防"黄祸"。大家知道来自东方亚洲国家的入侵威胁，专家认为他们将像一群蝗虫落在欧洲这块被自私自利搞得人烟稀少的大陆。

中国人口可怕的增长，而我们害怕家庭人口太多，所以他们会吃掉我们。所有大的入侵不都来自亚洲吗？看看阿蒂拉！

一旦关系到个人利益，理论就容易被人们接受。德国皇帝明白这个道理，他很会利用形势。

他利用德国传教士被杀派兵去中国，并派他的弟弟亨利指挥舰队，以支持他分一块利益的要求。英国人也想分一块利益。俄国人则想给西伯利亚铁路找一个比符拉迪沃斯托克（海参崴）更暖的港口。法国在远东利益巨大，不可能任人瓜分而不参与。日本认为它最近获胜使他有权力分点什么。这样所有人都扑向中国这块国王和皇帝的蛋糕。

这场盛宴如何结束，现在还很难说。

欧洲强大，但中国外交狡猾。英德冲突不可避免，德国决心挑战英国的殖民优势。

蛋糕里的幸运之豆是不是一颗装满炸药的炮弹呢？

图 1 从画面左起，分别是英国女王伊丽莎白，德国的威廉二世，俄国的沙皇尼古拉二世，法国的玛丽安娜和日本的明治天皇。这五个人正在盘算着分割写有"chine"的这块大饼。图中伊丽莎白和威廉二世两面相对，眼睛瞪着对方，威廉二世已经不

━━━━━━ 图 1《小日报》1898/1/16 作者收藏

EN CHINE
Le gâteau des Rois et... des Empereurs

耐烦地在大饼上下刀；尼古拉二世左顾右盼，似乎还在思索，紧握刀把随时准备动手，而戴着"自由之帽"的玛丽安娜把手搭在他的肩上；日本天皇托着下巴，似乎已胸有成竹。五个人背后的清朝官员双手高举，企图阻止这一切的发生。

政治漫画最重要的功能便是讽刺，在这张画报上的体现尤为明显。1897年巨野教案发生，10月20日德国借口两名传教士在胶州被杀，派军舰趁机抢占胶州湾。漫画当中威廉二世下刀的大饼处"Kiao-Tchéou"的法文字样当指的是这个历史事件。而尼古拉二世左手指向的部分，"Port-Arthur"意为"亚瑟港"，是中国大连旅顺港的西文称谓。

甲午战争之后，日本占领辽东半岛，但俄、法因为自身利益因素考虑，不愿让日本在辽东占据自己的权益，德国借机谋求通过俄法同盟来获得在东亚权益的更大范围扩张，三国故向日本施压，要求日本放弃占领辽东半岛。日本人当然也不会选择就此放手，提出只占领旅顺和大连两个港口，而三国态度依旧强硬，最后日本无奈选择放弃，同意清政府用三千万两白银将辽东半岛赎回。

1898年3月，俄国以在干涉日本还辽事件中"功勋卓著"为由，要求清廷签订《旅大租地条约》，获得旅顺港及大连港的二十五年租期，从而为进一步割取在华利益奠定了基础。如此再看尼古拉二世的动作便不难理解，当时他已经对旅顺港觊觎已久，因为这里"更暖和"，而他将左手握拳放在大饼上，意在告诉其他四人："旅顺是我的地盘，其他人可以不用惦记了。"而尼古拉二世的眼神也很值得琢磨，他的注意力没有放在旅顺港上，而是关注其他地方，可见俄国的野心是何等巨大，此举也可以影射出当时俄法同盟的牢固和俄国在东北地区的绝对优势。

回到那个清朝官员上。显然这是个"加工"出来的官员，以至于要将官员的手指做成"爪子"的形状；面部表情颇像"龙头"或是"狮吼"的造型，皱纹、眼眉和眼睛均向中心挤压，作狰狞状；官员佩戴的顶戴花翎和辫子分居两侧，双臂高举，一副奇怪模样。

这或许代表着西方人对于中国官员的一种猜想，国力羸弱，朝廷无力挽救大局。面对西方各国的虎视眈眈，大臣只能看在眼里，急在心里，即使心中有万般怒火，也难挽回大局。平心而论，这种猜想拿捏得很到火候。一个官员，并不是因为能力大小就决定其在历史上的地位，往往要结合他所处的历史背景。曾国藩、李鸿章论学问绝不在他人之下，但因为生错了时候，即使他们有万般本事，也施展不出来。

当然，这个形象背后也可能包含另外一种含义，就是西方人对于清政府的丑化与敌视，这也是符合历史环境的，既然弱小，只能对强者的嘲笑和丑化一忍再忍。

强国不仅分割弱国，强国与强国之间也在彼此较劲。日俄的争端并未终结，反倒因为利益分配的分歧扩大显得日益紧张，到最后甚至以一场战争才分出高低。1902年4月6日，《小日报》以一张政治漫画再次表明了自己的态度，希望日本"别着急"。当然法国人此举并未出于善意，反倒是有自己的考虑，他们希望与俄国联手，在这场战争中得到利益。

如果聪明、活跃的日本完全统治众多中国人，那么"黄祸"就实实在在地出现了。

英国同日本结盟再次背叛了欧洲的共同事业，而且自以为聪明，但明眼人都认为英国被狡狯的小日本骗了。

同欧洲合作符合日本利益，哪怕是为

了获得他所需要的金钱。至于英国，它曾指望靠新盟友在中国蛋糕上分得一大块，现在他要改正错误，因为法、俄发表了声明，声明的内容简言之就是："别那么快决定，还有我们呢！"

图2的画面中，俄国人狰狞的面孔、手上握着的尖刀不难让人想象出此时俄国人扩张的欲望。而身着和服的日本女人一面看着拉开窗帘、好奇心重的法国人，似有阻拦之意，一面将盘子交到俄国人手中。而中国只是可以随意被人宰割的器物，任由他们分割。

这张画面之中，看似日俄之间并没有什么争端，但这都是"表面和气"。由于在地理上两国接近，日俄在中国东北地区的利益摩擦加剧。庚子事变之后，俄国人并未撤出东北地区，反倒是打算永久占领东北。而日本人对东北也是垂涎已久，对于俄国"一体独大"的现状很是恼火，便联合英国与俄国抗衡，至此形成了俄法和英日两大同盟。在美国的支持之下，英、日联盟渐渐占据上风、步步紧迫，俄国只能选择退让。但德国为了推行自己的"东进政策"，削弱俄国在西部边境的势力，不断在俄国人耳边煽风点火，支持俄军的远东政策。久而久之，这也让俄国人愈来愈不甘心，最后干脆放弃妥协，摆出一副愿意为了东三省与日本开战的傲慢姿态。这也导致最后日俄关系彻底破裂，双方兵戎相见。

而此时的清廷，早已没有了主动权，只能干看着外国人为自己的地盘打得不可开交。甚至在日俄开战之时，清政府宣布中立，并在自己的领土上划定双方交战区，要求各地官员和民众不要干预。

两张漫画虽都在说发生在中国的事情，实际上却讲的是列强之间的纷争。在那时的强国眼中，这个弱国手无缚鸡之力，可以任人宰割，成为他们手中的一颗棋子，用以与其他同等力量的国家抗衡与较量。戏谑画面之下，让人读到了几分刺骨的寒冷。

图 2《小日报》1902/4/6 作者收藏

Le Petit Journal

SUPPLÉMENT ILLUSTRÉ

Le Petit Journal
CHAQUE JOUR 5 CENTIMES
Le Supplément illustré
CHAQUE SEMAINE 5 CENTIMES

Huit pages : CINQ centimes

ABONNEMENTS

	SIX MOIS	UN AN
SEINE ET SEINE-ET-OISE	2 fr.	3 fr. 50
DÉPARTEMENTS	2 fr.	4 fr.
ÉTRANGER	2.50	5 fr.

Treizième année — DIMANCHE 6 AVRIL 1902 — Numéro 594

EN CHINE

LA FRANCE ET LA RUSSIE. — Pas si vite! Nous sommes là

掩饰下的转折

历史发展曲折而反复，当中难免有些事件对于历史大势起到了或正或逆的影响，进而决定了他们在历史坐标中的地位。

庚子事变发生，洋人在华利益的诉求愈发膨胀，渐至顶峰，而后伴随清廷式微、国内时局动荡，各国由强力干预转为旁观姿态。这也就直接导致《小日报》在 1906 年之后，对于中国的报道数量骤减。其中既有大的历史事件，也有看似不起眼的小片段，不管是大是小，都对于历史进程发展起到了很大的推动作用，这些掩饰下的转折所潜藏的力量是巨大的，这种力量甚至也被法国人感知，从这些图像中可以窥见一斑。

首先要提到的人就是袁世凯，他在这段历史时期当中所起到的作用无可估量，法国人 Jeax Rodes 在 1911 年 12 月曾经撰文对于袁世凯的跌宕经历进行描述，这有助于人们对袁世凯初步印象的构建：

很少有人有袁世凯那样复杂的政治生涯，而他在极特别的情况下刚刚获得了统治中国的权力。袁世凯不久前还只是军事官员，却在短时间内迅速成为权力最高的要臣。1894 年中日冲突时，袁世凯任朝鲜总督，他汲取了中日战争的失败教训，在任山东巡抚期间组建了第一支新军。

1898 年戊戌变法时，光绪皇帝和康有为依赖他的支持。在他明白这群年轻人不可靠之后，就向军机大臣荣禄告密，荣禄通报慈禧太后，于是除了康有为出逃之外，其他变法领袖均被斩首。皇帝被囚禁，直至和她一同死去。

1900 年，当所有北方的老式军队跟随义和团和政府反洋人时，袁世凯和他的新军巧妙地置身事外，当李鸿章去世后，他成为唯一接替李鸿章任直隶总督的人选。

日俄战争爆发时，他任直隶总督。当时我正好路过天津，法国领事把我介绍给他。这是个五十岁左右的人，魁梧，甚至笨重，面目表情粗暴、强横。他对日俄第一次交锋印象深刻，忙于建立新军。他在直隶开始各种改革，朝廷后来也借鉴了他的经验。

1905 和 1906 年，他身着将军服，当着外国军官的面，指挥了第一次大规模军演，震惊世界。成功造成了他的失败，两个月后他失宠了，被撤去了关键职位，但仍担任总督。八个月后，他巧妙利用阴谋和革命动向重新被召回北京，当上内务府总管。

1908年末，在皇帝和西太后去世后，他再次失宠，摄政王为了给光绪报仇，解除了袁世凯所有职务，令他回河南家乡隐退。据说已下令赐死，但被高层和外国使馆保了下来。

他离京时，无人到车站送行。他淡然接受了这一切。他在黄河以北的彰德府安顿下来，住在高墙内的豪宅里，仆人成群，侍卫武器精良，过着乡绅生活。去年一家中国报刊称："袁世凯整天作诗，在菊园中消遣。"八月《天都报》称从夏天开始，他身着农民服装，每天下地，"他开了一块菜地每天浇菜"。

袁世凯重新掌权后，报刊报道了更多细节，有人看到他穿着黄绸衫，在刺刀、马刀的簇拥下登上回京火车。关于当时中国的形势，一位法国人写道："帝国处于最低谷，各省起义、将军造反、怪相百出。百姓无国家意识和政治信念。"近几年来从中国发来的

电报，也让人看不懂中国的确切走向。载沣在袁世凯逼迫下辞职，以满足反对派的要求；武昌起义后延长停战协定，利用停战时期，袁世凯的代表和革命党代表在上海召开会议，寻求妥协。

北京的朝廷始终焦虑，有人评论："看着这座琉璃瓦高墙围住的宫殿让人悲伤，这高墙既是保护，也是危险，其中压抑着多少绝望的呼声。"

前天袁世凯接见我之后给我的照片说明了一切。他身着农民衣服，在船上垂钓。照片修过版，使他年轻了很多。脸变瘦了，只能隐约看到他的白胡子。

我是在袁世凯儿子的衙门见到袁世凯的，他受召出山后一直住在那里。街道、花园、院子、邻近房屋都站满了士兵。如此戒备，是危局使然，袁世凯不平凡的一生又要发生什么？清朝的日子愈来愈少了，不知道袁世凯是否会当皇帝，还是会作为最后一任总理大臣主持世界最古老民族的最后挣扎。

《小日报》当中，不乏对于袁世凯的图像记录。

图 1 刊登于 1909 年 8 月 29 日，下方标题为"中国新军"。

袁世凯无疑是继李鸿章之后清廷的一个重要人物，尤其是其在中国近代化过程中起到了重要的推动作用，这张画报表现的便是袁世凯在小站练兵的情景。

1909 年初，摄政王载沣以袁世凯"身体小恙"为由，罢免了袁世凯的官职，让其回乡养病。袁世凯在北洋盘踞多年，嫡系深重，又掌控着清军兵权，长期大权在握导致其专横跋扈，使得清廷颇为忌惮，所以清廷才想出了这么个牵强的理由。而六七个月之后，《小日报》刊登出这张袁世凯在任时的练兵图，似乎成了袁世凯的政治伏笔。

1909 至 1911 年，袁世凯选择归隐，有后人称之为"急流勇退的政治智慧"。的确，在政治局势多变的情况下，最好的方式就是静观其变，而这三年的休养生息，也使得他在后来的博弈当中占得先机，并不断扩大自己的雄心壮志。

画面当中的袁世凯英姿潇洒，而新军战士也是面貌一新，装备精良、军容规整、操练有度。可以说清末新军的建成是晚清历史当中为数不多的亮点之一，尤其是在袁世凯执掌新军时进行的两次大的演习，"河间秋操"与"彰德秋操"，赢得了外国军事观察专家的好评。军制和军队教育体系完善，步兵之间的配合炉火纯青，炮兵的操作也相当娴熟，对于武器的日常维护工作做得也很到位，但在骑兵的训练上还需要进行完善。总体而言，法国人对于袁世凯新军有相当高的评价：

近来中国发生了军事思想觉醒，其结果可能在未来对欧洲在远东的利益构成威胁。

中国人彻底推翻了反战的老传统，正在成为军事强国。

1895 年对日战争和欧洲军队对北京的军事行动后，中国政府计划建设真正的军队，装备借鉴西方的完善军备。这一计划在今天基本实现。

日本教官告诉了中国人真正战争组织的所有秘密。一个最高战争委员会建立了，军校创立了，以我们的方式装备的士兵好像质量不错，而且士兵接受了精神培训，以激发黄种人的沙文主义。

———— 图 1《小日报》1909/8/29 作者收藏

CHINE

10

Le Petit Journal

ADMINISTRATION
61, RUE LAFAYETTE, 61

Les manuscrits ne sont pas rendus

On s'abonne sans frais
dans tous les bureaux de poste

5 CENT. **SUPPLÉMENT ILLUSTRÉ** 5 CENT.

20me Année ✦✦ Numéro 980

DIMANCHE 29 AOUT 1909

ABONNEMENTS

	SIX MOIS	UN AN
SEINE et SEINE-ET-OISE..	2 fr.	3 fr. 50
DÉPARTEMENTS...........	2 fr.	4 fr.
ÉTRANGER..............	2 50	5 fr. »

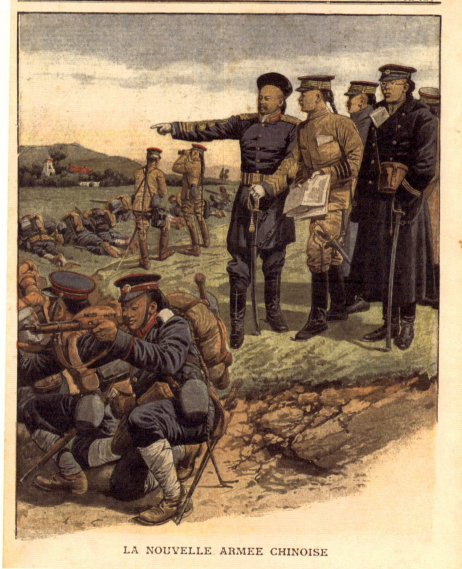

LA NOUVELLE ARMÉE CHINOISE

法国军官瓦莱特上校（M. le Colonel Valette）观摩了中国军队演习，最近提交了关于中国军队状况的报告，它提供的情报让我们深思。

中国军事进步是既成事实。有接受过教育的军官，军队装备同我们一样且训练良好。从战争角度看，"老"中国死了，我们要小心"新"中国。

尽管法国人对于袁世凯的新军大大赞美，甚至将他看成潜在的威胁。但归根结底，一个国家军事实力的强大还要靠本国坚实的工业基础和充足的财政支持，清政府是无力完成这项工作的。况且随着新军的势力强大，满人掌控军队要职，内部奢靡之风开始盛行，革命党人和留学生渗透进新军队伍，使得新军的革命意识萌生，团结思想从内部被逐步瓦解，好景不长，新军成为了压垮清廷统治的最后一根稻草。

"身世萧然百不愁，烟蓑雨笠一渔舟。钓丝终日牵红蓼，好友同盟只白鸥。投饵我非关得失，吞钓鱼却有恩仇。回头多少中原事，老子掀须一笑休"——袁世凯的归隐生活惬意潇洒，但随着革命党人的势起、清廷的颓落而戛然而止。1911 年 11 月 1 日，袁世凯临危受命出任内阁总理大臣，没过两个月，他帮着革命党人把清廷赶下了历史舞台。图 2 刊登于 1912 年 3 月 3 日，法文标题为"袁世凯的鞭子"。

几个月以来，中国不仅发生着政治革命，也开展了一场习俗革命。各大城市都在推崇洋装，革去旧的传统发型。

大批中国人集中在公共场所，依次登台，有人用剪刀当众剪去他们的辫子。

此前，袁世凯一直没剪辫子。他狡猾机敏，政治上很稳重，尽管很多人要求他剪辫子，但他一直逃避。

作为旧体制的人物，他要留辫子。在变幻莫测的时期，他更注意不表现出脱离朝廷的倾向。

但皇帝退位了：皇族放弃了抗争，准备流亡。袁世凯突然觉得自己是"年轻人"了。他剪掉了辫子。可以说，随着袁世凯的辫子在"革命剪刀"下落下，旧中国一去不复返了。

时间往回推十几天，也就是 1912 年 2 月 15 日，袁世凯正式被选举为中华民国临时大总统，画报报道袁世凯的方向很是巧妙，特地选择了袁世凯剪辫子的这个瞬

图 2《小日报》1912/3/3 作者收藏

Le Petit Journal

ADMINISTRATION
61, RUE LAFAYETTE, 61

Les manuscrits ne sont pas rendus

On s'abonne sans frais
dans tous les bureaux de poste

5 CENT. SUPPLÉMENT ILLUSTRÉ **5** CENT.

23me Année —— Numéro 1.111

DIMANCHE 3 MARS 1912

ABONNEMENTS

	SIX MOIS	UN AN
SEINE et SEINE-ET-OISE..	2 fr.	3 fr. 50
DÉPARTEMENTS........	2 fr.	4 fr. »
ÉTRANGER...........	2 50	6 fr. »

YUAN-SHI-KAI FAIT COUPER SA NATTE

间。这里边有政治信号，辫子是满清统治
的象征，但当这条辫子被剪下的时候，袁
世凯已经表明向民国效忠，中国走向了新
篇章。

还有一个细节值得关注：袁世凯剪辫子
的时候因为难为情，并没有从外边请理
发师，而是让亲信蔡廷干剪了自己的辫
子。

《小日报》当中，还有一张剪辫子的图像，
图3的报道日期为1911年2月5日，法文
描述为"中国的现代化——在上海，中国
人当众剪辫子"。画面的表现力十分生动，
右下方的那个人显然是刚刚剪完自己的辫
子，引来旁人的关注，后面还有人竖起了
大拇指，最右侧的那个人装扮西化，大礼
帽很显眼；当然，有愿意剪辫子的，也会
存在抵抗的人，左侧那个老者双臂高举，
面目凝重，似乎有所慨叹，悻悻而去；剪
辫子的人在高台之上，许多人正在仰首看
热闹，似乎也心存忧虑。

中国向西方文明的进步，不仅体现在
军事和行政领域，还体现在中国大城
市中正在开展的一场着洋装和反对中
国传统发型的大运动。

近日，在上海的五百名勇敢的中国人
在一个广场上依次登台，在四千名中
国人的面前剪掉了辫子，辫子是在皇
帝统治下天子顺民的头部和背部的特
有装饰。这种事发生在一个曾执着于
服饰传统的民族，我们不能仅仅看着
好玩，这代表一种新的精神状态，令
人深思。因为西方文明的胜利将中国
改造成工业和军事强国，也可能让欧
洲面临严重的威胁。

正如报道中所述，这种景象正在反映着中
国社会的一个大转折。剪掉辫子象征着与
满清统治告别，进入新的时代。虽然这条
辫子并不能完全根除和改变国民的落后意
识，但它是中国开始走向现代化的最明显
的表象，从这个角度上来讲，袁世凯剪辫
子更像是上层行为，具有代表性；而上海
的普通民众剪辫子则是国家整体开始转
变，是普遍性的体现。这种普遍开始令法
国人进行反思，在西方人"积极"推动中
国进入现代化之后，这个国家的国力增强
会不会给自己的存在带来威胁，会不会有
潜在的隐患。这在当时令法国人深思，也
应当引起一百年后中国人的深思。

后页图4，1911年10月29日刊登的一张
画报很有意思。法文标题为："中国革

———————— 图3《小日报》1911/2/5 作者收藏

Le Petit Journal

| ADMINISTRATION | 5 CENT. | SUPPLÉMENT ILLUSTRÉ | 5 CENT. | ABONNEMENTS |

61, RUE LAFAYETTE, 61

Les manuscrits ne sont pas rendus

On s'abonne sans frais dans tous les bureaux de poste

22ᵐᵉ Année — Numéro 1.055

DIMANCHE 5 FÉVRIER 1911

SEINE et SEINE-ET-OISE... 2 fr. 3 fr. 50
DÉPARTEMENTS... 2 fr. 4 fr. »
ÉTRANGER... 2 50 5 fr. »

LA CHINE SE MODERNISE

A Shanghaï, des chinois font en public le sacrifice de leur natte

命——中国军队发展变化"，十几天前的 1911 年 10 月 10 日，武昌起义爆发。《小日报》刊发长篇文章，报道以孙中山为首的革命党人在近些年来为中国革命所做的各种努力。

中国爆发的革命是朝着西方进步的革命。这种现代化在中国军队中已经开始，这是我们在版画中所表现的。

左边第一人身着笨重铠甲，头戴塔形头盔，这是一位将军。距今不到五十年前，中国军队还如此着装。将军身后是一位手持旌旗的虎团士兵，法国人在第一次到中国打仗时曾看到过。中间的将军身着二十到二十五年前样式的军装。

这二十年以来，中国军队快速进步，从军事角度来看，中国军队现代化速度不亚于日本。看画面右边的中国士兵，难道不是真正的欧洲士兵？装备同西方军队一样好。五年来，中国军队放弃了袍子、辫子、毡鞋和圆帽。中国军官都在日本学习过，有些人甚至在欧洲军队服过役。画面后面有三个年轻军官，小报曾介绍过他们，他们在第四轻骑兵旅实习。

一位近年深入接触中国军队的法国军官认为，以我们的方式装备的中国士兵好像素质不错，而且接受了特别的精神培训以激发"黄种人沙文主义"。

伴随军事进步、政治进步，旧中国好像真的要消失了。

小事件、小片段，成为了转变历史的"大"支点。伴随现代化军队的诞生，革命党人势起以及其他一些关乎中国命运的大转折，中国正在悄然推动自身变革，而这也让法国人一次又一次警惕，一遍又一遍反思。

欧洲人自问这是不是新一次的"义和团运动"，但有些人认为这场革命不会对欧洲产生威胁，这场革命是反封建王朝的，类似于 1859 年的"太平天国运动"。这场革命的宗旨是反对清王朝，是一场支持文明的革命。这场革命的灵魂是曾经留学的年轻人，他们曾经到过日本，希望中国接受现代先进的思想。

有很多法国人并不了解现在的中国，现在的中国人有很多穿着洋装。尽管中国政府观念落后，但中国的年轻人迫使政府进行改革，推行文明：在军

——————— 图 4《小日报》1911/10/29 作者收藏

Le Petit Journal

ADMINISTRATION
61, RUE LAFAYETTE, 61

Les manuscrits ne sont pas rendus

On s'abonne sans frais
dans tous les bureaux de poste

5 CENT. SUPPLÉMENT ILLUSTRÉ **5 CENT.**

22ᵐᵉ Année ⚬ Numéro 1.097

ABONNEMENTS

	SIX MOIS	UN AN
SEINE et SEINE-ET-OISE	2 fr.	3 fr. 50
DÉPARTEMENTS	2 fr.	4 fr. »
ÉTRANGER	2 50	5 fr. »

DIMANCHE 29 OCTOBRE 1911

A PROPOS DU MOUVEMENT INSURRECTIONNEL EN CHINE
L'évolution de l'armée chinoise

Soldat du
Régiment des Tigres
Il y a cinquante ans

Un Général
Il y a cinquante ans

Un Général
Il y a vingt ans

Officier supérieur et soldat
Tenue actuelle

Officier Chinois faisant un stage
aux hussards en France

队中剪辫子、反对妇女缠足。实际上在慈禧死后，中国政府更加封闭，拒绝任何进步，中国的年轻人集合起来成立了革命党。革命这个词意味着推翻，这本身就是一个政治纲领。它的纲领也很简单，推翻满清王朝，至少在南部建立共和国，使中华民族重新富强，接受现代文明。

革命党的领袖在革命时并不想侵犯欧洲人，他们试图说服西方，中国的革命没有什么可怕的，与义和团运动完全不同，不会有排外情绪，除非西方支持清廷，如果这样的话革命党将对此不负责任。

……

中国是一个有秘密的国家，中国人比任何一个民族都有拉帮结伙的天分。

事实上支援中国革命的有很多秘密的人士，这些革命党人在中国社会当中有重要影响。他们把这些秘密社团带上了革命道路。正是如此，革命运动才有如此规模。

这场革命运动是五六年前就开始的，由一系列局部的起义开始。革命党几年来一直设法获取武器和财力支持，孙中山在周游欧美之后带了三百万两银子回国，放在香港和上海的银行准备用于革命。这个孙中山被称为中华民国的缔造者和革命军的领袖，不遗余力进行革命宣传。他是中国近年发生的革命起义的精神领袖。

让·罗德斯（M. Jean Rodes）1907 年曾经见过孙中山，他在描述孙中山时说道："尽管四十多岁了，但他看上去依然年轻，穿着欧式服装，留短发。他颧骨突出，脑袋棱角鲜明，更像一个日本人。但是他会因为他的这种坚定、专注、顽强给人留下深刻的印象。在他的表象背后，有着坚定的思想，无法动摇。他的性格如同任何硫酸也无法侵蚀的金属。"

中国政府通缉孙中山一直到了欧洲。大概在十五年前，孙中山差一点就中断了他的革命道路。有一天他在伦敦海德公园散步的时候，四五个藏在灌木丛中的中国人，把孙中山拉进一辆汽车，带到了中国使馆，关到地下室里，准备在下一班轮船到来时将其押送回国，在国内等待他的将是严酷的刑罚。但是英国政府听说了此事，出于尊重避难权和个人自由，要求中国公使立即放人，并且施加了很大压力。正是因为英方强有力的干预最终使得孙中山获释，从此以后孙中山过着流浪的生活，各方都想要抓住他。

他先后被日本和越南驱逐，他从一个国家逃到另一个国家，化装成日本人，并用高野（Takano）教授的假名，最近中国政府悬赏二十五万法郎要孙中山的脑袋，尽管悬赏金额很高，但是没有人告发他。

在英国历险之后，孙中山来到法国，会见了几个社会党人，其中一人还向我们回忆了见面时的情形——当他告诉孙中山他认为在中国难以建立共和国，孙中山说："在中国建立共和国会让你感到吃惊吗？等着瞧！我们有良好的组织，有武器，纪律严明，我们代表着反对满族统治的真正中国。中国将比法国早建立共和国。"

······

中国这些革命者目前极力说明革命与义和团不同，孙中山对一个法国记者说："我和我的朋友正在说服起义各地的人民尊重外国人，我们能够做到。"我们相信中国革命的领袖能够遵守他们的诺言，但别忘了他们的理想是建立一个"属于中国人的中国"，为此他们不仅要赶走满洲人，因为当外国人还在领导行政机构，占领中国领土的时候，中国就不是中国人的。

试想革命成功，革命党的领袖们不会不被他的部队所逼迫去寻求独立，他们能否阻止中国隐藏心灵深处的仇外情绪爆发，欧洲国家应该认真考虑这种情景。

事实证明，孙中山的构想和努力是正确的。而摆脱掣肘，建立一个"属于中国人的中国"，也在几代人的努力当中得以逐步成为现实，中国真正开启了它的近代转折之路。

另一种"自保"

在战争问题上，从来就不是什么对与错的问题，而是"利己"还是"利他"的问题。

没有永恒的朋友，只有永恒的利益。国家与国家之间的关系很难"无私"，一般保持在"相对平衡"的状态。当然，每个国家都试图并希望让利益的天平向自己的方向倾斜，殊不知天平的另一方也在费劲折腾。

一百多年前，西方军队登陆中国之时，是抱着怎样的心态，怎样的目的，至今还有深度挖掘和思考的空间。毕竟思想都是复杂的。有些事情，站在对立面的两方无法言说，一方说是"侵略"，一方说是"扶植"。政治面前，战争面前，谎言和真话只在一念之间，而要想做一方完全的拥护者，似乎也不是件容易的事情。

《小日报》当中，表现了不少对于洋教及教民的杀戮场景，从其中两张画面来看，似乎能够看到西方人之所以对中国产生复杂矛盾的症结所在。在他们的思想当中，中国人是一个很危险的群体，对于洋人的屠杀似乎是他们准备"侵略"的号角，这种征兆很危险。

进攻是最好的防守——必须用坚船利炮轰开中国大门，从而更好保护自己。

图1刊登于1891年12月19日，描绘的是发生在中国的屠杀。之所以说这张画面血腥，问题就在于画面当中的主人公是一个孩子。

孩子出现在视觉图像上，身上包含的意义太多。孩子是一种纯洁的人格象征、是成年人生活记忆和精神故乡的鲜明象征，孩子有赖于成年人哺育和培育，也是人类生命延续愿望的载体。

如此孩童，在两个中国人的挟持之下将要"一命呜呼"，实在太过暴力。从画面当中不难看到这个孩子神情十分紧张，左手托着自己的脑袋，脚步畏缩。在他的眼前更是一片凄厉的场景：已经被斩杀的许多孩子的遗体，当中还有一个中国小孩，都被随意丢弃在木柴上，熊熊燃烧的大火正在吞噬着一个亡者的躯体，燃烧产生的黑

图1《小日报》1891/12/19 作者收藏

Le Petit Journal

SUPPLÉMENT ILLUSTRÉ

TOUS LES VENDREDIS
Le Supplément illustré
5 Centimes

Huit pages : CINQ centimes

TOUS LES JOURS
Le Petit Journal
5 Centimes

Deuxième Année — SAMEDI 19 DÉCEMBRE 1891 — Numéro 56

Les massacres en Chine
(SUPPLICES)

烟向上升腾，令人战栗。

而在主体人物的背后，也是一团血腥的场景，众暴民挥舞着手中的大刀，其中一个人举着插着洋人首级的竹杆，声嘶力竭地呼喊。几个洋人被绑了起来，随时面临着生命的危险；最边上的一个教民左手举着十字架，后边暴民的屠刀正在向他袭来。向更远处望去，教堂也冒着黑烟，显然已经是"危在旦夕"。

当期报纸的封底，依旧是表现"中国暴民"屠杀的场景。

图2的画面右侧，一个被捆在立柱上的洋人已经死亡，高擎的右臂使得他的体态很是优美，可见艺术家借鉴了当时西方绘画的一些手法和特色。在他的脚底，熊熊的火焰猛烈燃烧着，一个右手紧握十字架的教徒虽已安息，但仍旧坚守自己的信仰。在他旁边，一个身着红色衣服的暴民左手摁住洋人的头颅，右手持械撬开他的嘴巴，企图取下什么，他的脚链已经在痛苦挣扎的过程中崩开。而那个跪在他旁边的洋人眼神中有些怜悯，抬首仰望，似乎目光对准前上方那个已被砍下的人头，但这依旧阻止不了他身后那把锐利的尖刀。

后边的背景依旧很浩大，三个插在竹杆上的人头使得原本被黑烟笼罩的天空显得更为惨烈。数不清的高举的砍刀，深陷灾祸难以挣脱的洋人，不受理智控制的暴民，强烈对比之下，让这张画面的基调更为沉重。

中国正发生最严重的事件，一场起义爆发不仅威胁欧洲人特别是传教士，也威胁皇帝的统治，事情很严重。

一些预言家一直说欧洲有一天会毁于塔塔尔、蒙古、满族等中国人入侵，这些人在中国人数众多。

我们孩子太少，而他们太多。尽管世界扩大了不少，但人口还是拥挤。当中国没吃的时候，他们不得不去食他方，会像蝗虫在阿尔及利亚一样散入欧洲，吃掉一切，毁掉一切。

虽然我们能用精密的机器对付这些火药的发明者，杀掉很多人。但最终他们还有一百比一的优势，我们会输。

在他们进行这次远征前，他们相互攻击，自相屠杀。

他们先从基督徒开始，我们的图描绘了可怕的场景。他们自相残杀，缓解

图2《小日报》1891/12/19 作者收藏

NOS GRAVURES

Les massacres en Chine

Les événements les plus graves se passent en ce moment en Chine; une révolte formidable y a éclaté qui menace non seulement les Européens et en particulier nos missionnaires, mais encore le trône de l'empereur actuel.

La chose est sérieuse comme on voit.

Il est admis, les abstracteurs de quintessence et autres philosophes à longue portée ont depuis longtemps certifié que l'Europe entière périrait par suite d'une invasion des Tartares, Mongols, Mandchous, Chinois de toute origine qui peuplent avec trop de surabondance l'empire du Milieu.

Alors que nous n'avons pas assez d'enfants, ces gens-là en ont trop, et, malgré la légende qui motive l'œuvre célèbre de rachat, les porcs s'en mangent pas assez pour empêcher que la population étouffe dans des frontières pourtant pas mal développées.

Quand les su ats du Fils du Ciel se trouveront plus à pâturer chez eux, il faudra qu'ils cherchent ailleurs leur nourriture, l'on affirme qu'alors ils se répandront sur l'Europe comme sont les sauterelles en Algérie, dévorant tout, dévastant tout.

En vain à ces vrais inventeurs de la poudre opposera-t-on les engins les plus perfectionnés; on en tuera beaucoup, malgré quoi ils resteront encore au moins cent contre un et nous serons perdus.

En attendant cette excursion chez nous, non dirigée par les agences, ils essaient leurs crocs les uns sur les autres et se massacrent en masse.

Ils ont comme de coutume commencé par les chrétiens. Nos dessins représentent d'odieuses scènes dont les sinistres acteurs. Mais aussi ils se sont entre-déchirés de façon à diminuer notablement l'encombrement sur le sol de leur patrie.

Quel en est leur mobile?

On a peine à croire qu'il s'agisse seulement d'un mouvement politique. Les bandits monstrueux qui égorgent, saignent, brûlent et pillent ne savent probablement même point le nom de leur empereur.

C'est probablement le besoin de vivre seulement. C'est une manifestation de la bête humaine.

On a dit qu'ils voulaient se venger sur tous ceux qui ne sont pas de leur race de ce que les Américains, trop envahis par les travailleurs chinois, ne voulaient plus leur ouvrir leurs territoires.

Il est vraisemblable que cela a été imaginé par ceux qui en vue d'une action générale ne seraient point fâchés d'y intéresser les Etats-Unis dont la marine est très puissante.

Que va-t-il se passer? L'avenir nous l'apprendra.

Il paraît difficile qu'on laisse s'accomplir, sans les réprimer, de pareils forfaits. C'est donc une nouvelle expédition lointaine qui se prépare, et l'on sait ce qu'elles coûtent.

Quoi qu'il en soit, en cette circonstance, il n'y aura peut-être point trop lieu de regretter notre argent.

Puisqu'il est convenu que nous devons être mangés un jour par les Chinois, autant retarder le moment le plus possible.

Les massacres en Chine
(INCENDIES)

了人口过密的问题。

他们的动机是什么?

无法相信是因为政治运动,因为那些烧、杀、抢的暴徒可能都不知道皇帝的名字。屠杀的动机可能仅仅是为了生存,这是人类兽性的表现。

有人说他们要报复美国人因担心中国劳工太多关闭边境,把报复对象扩大到所有非中国人。

这种说法好像是一些别有用心的人想象出来的,他们想把美国牵扯进来,而美国海军很强大。

未来怎样?不知道。

我们很难任由屠杀进行而不镇压。一次新的远征正在规划,代价众所周知。不管怎样在此情况下,不能吝啬钱。

我们总有一天会被中国人吃掉,这一天越远越好。

"黄祸"之说由来已久,当时欧洲人认为如果没有技术上的领先优势,一旦数量庞大的中国人到了其他国家,后果不堪想象。而"黄祸"本身并非因为技术或是军事上的原因,只不过是欧洲人心理上的一种恐慌,它没有具体而实在的表现,甚至

不会有任何征兆。但心中潜藏的厌恶和反抗,让欧洲人感到这一命运终结的时刻会马上到来。

关键还不在此,如果说一个拥有众多人口的国度和气不好争斗,那么旁人也只是厌恶一下;但当哪天这群人开始争强好胜,动不动就用武力解决争端,那么这个国家也就变得十分可怕,有可能吞噬一切。因而,当这场针对宗教以及教民的屠杀开始之时,欧洲人紧绷的神经被触动,他们表现出了前所未有的担心和警惕,生怕中国人的进入会使一切覆灭,世界就此终结。

这些文字向我们揭示出了一切,欧洲人认为这场杀戮是中国人为了生存,避免人口过剩而引发的争夺。当然,欧洲人也并不想让事态继续发展,想阻止这场浩劫,不过他们也十分明白,战争并不能杀掉多少人,中国人始终有一百比一的绝对优势。他们能做的,也只有祈求上苍保佑,让这一刻晚些来临。

如此看来,欧洲人屡次进入中国,与其说是"进攻"、"解救",不如说是另一种"自保",迟缓一刻便是赚到一刻,就意味着能多有一天好生活,尽管无时无刻不担心

图3《大画报》1904/5/29 作者收藏

N° 11. — Dimanche 29 Mai 1904.   10 Centimes.

Le Grand Illustré

ACTUALITÉS   TOUT PAR L'IMAGE

ABONNEMENTS   DE   ADMINISTRATION

LA DÉPÊCHE

	SIX MOIS	UN AN
France, Algérie, Tunisie	3 50	6 fr
Étranger, Union postale	7 fr.	13 fr

ANNONCES

57, Rue Bayard, TOULOUSE

LE PÉRIL JAUNE

La guerre qui ensanglante l'Extrême-Orient est-elle le prélude d'événements plus graves encore ? On peut le redouter, si elle doit avoir pour conséquence de réveiller de leur torpeur séculaire quatre cents millions de Chinois. Si cette masse formidable, pénétrée par les idées occidentales, devait accomplir des progrès aussi rapides que ceux réalisés par le Japon, elle pèserait d'un poids énorme sur les destinées du monde. LE PÉRIL JAUNE, que notre dessinateur évoque en une saisissante allégorie, est peut-être à la veille de devenir une réalité.

着这个拥有庞大人口的国度成为一枚危险
的炸弹。

上页图 3，1904 年 5 月 29 日的法国《大画
报》（*Le Grand illustré*）刊出一张关于中
国"黄祸"的图像：

远东发生的这场战争是一场更严重事
件的前奏，如果这场战争的结果是把
四亿中国人从百年的麻木中唤醒，这
个庞大的人群接受了西方的思想，实
现了像日本一样的进步，他们将极大
影响未来。也许这将要成为现实。

情绪未变

百年前的预言，百年后正在或者已经成为现实。虽然在当时，西方世界对于中国处于绝对优势，中国毫无还手之力；但西方人一直"居安思危"，设想着如果哪一天西方对于中国没了绝对的控制力，中国会以怎样的面貌面对世界，并怎样看待曾经霸道的西方人。当下国人对于西方人报道中国的这段文字知之甚少，以至于一些可见的零星报道让今日国人难以想象。但这样的谜题一旦解开，人们也就不难了解如今的西方人对于中国的种种行为的来由，或许也会感叹于百年之后，西方人看似"无厘头"的猜想竟变成了种种现实。

晚清民国时期，西方人对于中国的情绪大致经历了这样一段过程：从以强者的姿态，对于中国庞大的人口持惶恐情绪；到眼见中国不断"西化"，心存戒备与不安，却又不能一味抵制；再到改朝换代之后，西方人对于自己在中国的地位能否持久确立的担忧。

屡次战争，使得西方人确立了自己的在华利益和地位，眼见义和团势力的不断扩大，对于洋人、洋教愈发强烈的抵制，西方人心中潜在的极端情绪爆发：拥有庞大人口的中国，任何人都阻挡不了他们向世界各地"进发的步伐"，纵然西方人可以凭借自己的技术优势尽可能多地消灭中国人，但人口数量的先天悬殊，决定了这是一场注定失败的战斗。

我们孩子太少，而他们太多。尽管世界扩大了不少，但人口还是拥挤。当中国没吃的时候，他们不得不就食他方，会像蝗虫在阿尔及利亚一样散入欧洲，吃掉一切，毁掉一切。

虽然我们能用精密的机器对付这些火药的发明者，杀掉很多人。但最终他们还有一百比一的优势，我们会输。

我们总有一天会被中国人吃掉，这一天愈远愈好。

——1891 年 12 月 19 日《小日报》

这样的忧虑一直在西方社会存在，一百年前它被形象地称为"黄祸"。直至当下，它虽被不断粉饰和包装，不易认出，却始终存在。特别是最近二十年，中国在世界的崛起不断为西方人"敲响警钟"，大量人口移居世界各地、增长的领土争端、寻求军力制衡，在各种情境中，印证着西方人曾经的预言，促使西方人惶恐情绪的膨胀。

而屡次战败的清廷，并没有停止拯救自我的努力，一直寻求"西化"之路。西方人一方面需要通过向中国出口，用自己生产的产品换取真金白银，在与其他强国的竞争中占据有力地位；一方面还要提防中国人因此强大，从而威胁自身存在。故而，西方人在当时的处境是纠结的，这也就不难理解为何西方人对于中国的态度历经多次反复，既要用之，又要抚之。

军队的现代化让西方人惶恐，一旦军队强大起来，就意味着中国人有了与西方抗衡的硬实力，而这也会直接推动政治发展。以往那个羸弱的国度，很可能以全新的姿态出现在世人面前，这是新气象，对西方人来说却也是种不大好的征兆：

中国军事进步是既成事实。有接受过教育的军官，军队装备同我们一样且训练良好。从战争角度看，老中国死了，我们要小心新中国。

——1909 年 8 月 29 日《小日报》

伴随军事进步、政治进步，旧中国好像真的要消失了。

——1911 年 10 月 29 日《小日报》

不仅军队在"西化"，广大民众的"西化"也让欧洲人感到惶恐，这样参与广泛的行为正在成为洪流，国民性的增强让欧洲对中国的思想控制变得愈发步履维艰：

欧洲的时尚逐步在中国站稳脚跟，剪辫子就是人们朝着欧式发展的第一步，中国已经注定要朝着欧洲文明的方向发展。也许速度慢，但会像日本一样坚定。

——1911 年 2 月 5 日《小日报》

明治维新被认为是日本在近代快速崛起的最重要的推手，而与日本相距不远的中国却因为长期闭关锁国失去了自强的机遇。也正是因为长期闭塞，满足于自身已拥有的成就，使清廷缺乏了前行的动力，在"安乐窝"中被西方人盯上、强占，直至被分割。西方人清醒地意识到：如果中国从这种自暴自弃的状态之中醒过神来，仿照日本明治维新来改革自身政治，进行西化的改造，那么最后中国一定也会走向强大。日本人少、资源不足；中国地大物博、人

Chapter II
被列强瓜分的蛋糕

page 84

口众多，能够倚仗的优势因素太多。一旦它强大起来，必会拥有向海外扩张的野心与能力，对于西方社会来说无疑是灾难，但似乎西方人并没有找到在"用"与"抚"之间合适的通路，也就看着中国不断变革、强大、直至失去对它的控制。

清廷式微，革命党人势起，西方人慢慢失去自身最铁杆的"拥趸"，也开始忧虑自身的在华利益能否得到有效的保护。在革命党人活动日益增强之时，西方人暂且相信孙中山等人对于此次革命不伤及西方人在华利益，只为推翻清廷的承诺。但实际上，他们对于革命党人的意图也是有所了解的，西方人对于中国的控制只可能被愈发削弱，革命党人也不会允许他们在自己的地盘上胡作非为，盘剥中国人的利益。

我们相信中国革命的领袖能够遵守他们的诺言，但别忘了他们的理想是建立"中国人的中国"，为此他们不仅要赶走领导者满洲人，因为当外国人还在领导行政机构，占领中国领土的时候，中国就不是中国人的。

试想革命成功，革命党的领袖们不会不被他的部队所逼迫去寻求独立，他们能否阻止中国隐藏心灵深处的仇外情绪爆发，欧洲国家应该认真考虑这

种情景。

——1911 年 10 月 29 日《小日报》

后来发生的一切向人们做了最好的诠释，清廷覆灭，民国成立，伴随在军事、经济、教育等社会各方面的迅速发展，中国人开始"收复失地"，西方人在华利益开始受到威胁。第一次世界大战的结束，中国开始融入世界版图，并卷入了一场又一场的纷争。不过，中国人对于独立的呼声愈发强烈，"排外"情绪也逐步凸显出来。

当然，中国人中也不乏有保持清醒认识并且能有远见思考的人。据《小巴黎人报》（*Le Petit Parisien*）记载，中国使馆的外交官陈季同，被认为是中国青年的杰出代表。他用法文在法国演讲，还出版了一本书《中国人自画像》。他曾提及巴黎是最美丽的城市，法国是世界上最伟大的国家，盛赞法国的文学、艺术、服装和厨艺，但后来因为犯错被召回。

"中国太大了，我们自己也不完全了解。欧洲不了解中国，或是所知甚少，就冒失地从遥远的地方来到中国，错误地把中国当成可以忽略的国家。欧洲人原以为中国人并不尚武，确实，几个世纪以来中国人不想打仗，但中国蕴藏着一股沉默的力

量，中国人还没有拿出他们的真本事，今后没准会发生奇怪的事情。有一天，当中国人放弃孔夫子，去学习战争艺术，聘请欧洲教官，购买快枪、克虏伯大炮、铁甲舰、鱼雷，督促中国人向前冲锋的时候，你们不得不将重视中国。这笔帐，今后要慢慢来算。"陈季同的预言原来并未引起欧洲人的兴趣，但伴随各类事件的发生逐步得到印证，时刻挑动着欧洲人的神经。

纵然历史没长"后眼"，但这并不妨碍人们以历史中曾经有过的眼光重新去认知西方人，同时看待我们自己。从这个角度上来看，百年前的西方人，与百年之后的西方人并无二致，只不过是人变聪明了，学会了伪装。实际上，那种情绪并未覆灭，反倒因为中国崛起而愈演愈烈。

硝烟与鲜血的中国

Chapter III

战争——交织血腥与残酷，夹杂谐趣与重逢。

历史对于战争的描述是相当复杂的，不仅在于那些细小的情节，

还有背后的思想与情感。

站在对立面的中外两方，对战争的认知差别巨大：大人物的智慧
方略，无名者的木讷服从；强国的刻意收敛，弱国的无力宽宏；
胜利者的彰显炫耀，战败者的强颜欢笑，鲜明对比之下，让人看
到差距，也明白了胜败之间，绝不只取决于枪炮。

中国近代历史的步步前进，付出的更多都是血的代价。百年之前，
国人因为麻木无知而丧失了种种机遇，这比鲜血更可怕。

群体视野下的
事件呈现

绘画当中常常出现这样一种图式，画面上没有主题人物，或者是我们所说的"英雄人物"，而是由一个个平凡普通的个体构成，借助于这些人相对密集的排布呈现出整个事件的宏大场面。在重大历史事件的解读当中，这样的场面绝对不在少数，虽然我们从现有的资料中不能得知他们的名字以及背后曾经发生的故事，但他们的存在确是不争的事实。

宏观历史下的"小人物历史"，如同一台显微镜，将原来放大镜下的物体以更为精细的结构化布局呈现给世人。而依循个体的记忆，去重塑整个国家的记忆，构建国家视野下的个体历史，也使得每个人与国家的关系更加密切，依附性更强。

《小日报》中对于中国事件的报道，有不少都将关注的镜头放在这群无名小人物身上。在当时，他们只是万千历史推动者中的一个或者一些，却成为我们对历史认知中的大部分或是所有。

图 1 刊登于 1900 年 11 月 4 日，名为"挂在墙上的十四颗义和团民首级"。8 月 15 日，慈禧见北京危在旦夕，随即将战争责任推到义和团头上，命令清军围剿义和团。此时，洋人也将矛头对准了义和团，画面当中十四颗义和团将士的头颅用一根根木棒悬挂在突出的墙壁之上，鲜血往外流淌。而墙壁下的军士正抬头仰望这颇为"壮观"的景象，有的人还在私底下议论。他们议论的，并不是这群义和团罪有应得，反倒在猜测这是谁送的"礼物"：

在中国的外交努力还在进行，可以指望能在近期找到和平解决的办法。

在此之前有必要向中国人证明，按照传统公理：如果要和平，就要打仗。当外交官没完没了谈判时，军队尽可能到处追杀义和团。

有时候联军也受到中国人欢迎，因为他们不想参与战事。他们有时也会给欧洲人送些粗暴的"礼物"，一支欧

——— 图 1《小日报》1900/11/4 作者收藏

ÉVÉNEMENTS DE CHINE
Quatorze têtes de Boxers aux murs de Tchio-Tchao

洲小分队来到 Tchio-Tchao（年代久远，此音译之地名无法查证）时发现墙上挂着十四颗义和团成员的头颅，类似的事情在北京也发生了。

中国人以这种方式表达对欧洲人的同情。

诸如此类的场景在战争中并不多见，不过由此看来，中国人对于义和团的态度也存在相当大的分歧，甚至一部分人有强烈的抵制情绪。这也导致那些不愿意受到战火蹂躏的中国人选择用义和团民的头颅来"欢迎"联军的到来，祈求洋人能给他们带来和平与安宁。

这种行为看似令人不可理喻，倒也真实。毕竟像义和团这种乐于用"社会暴动"来解决问题的基层群众组织鱼龙混杂，他们斗争的矛头不仅仅对准了洋人、洋教，还对准了数量倍于洋人的中国教民。这些人受到的威胁并不比洋人小，身处水火的教民见联军来"解救"自己，心存感念，也是正常的事情。

1900 年 6 月 24 日的画报，描述的是义和团的一次暴动。虽然报纸内页并未对此画面背后的历史事实进行过多的语言描述，但从图 2 的画面中不难看出义和团势力的强大，杀教民，烧城楼，甚至还有人爬上电线杆搞破坏，到处浓烟滚滚。这张画报上的主题人物似乎是那个爬上电线杆的拳民，而右侧众人斩杀教民也像是画面的主体，如此排布有助于平衡画面，突出情境的紧迫和场面的浩大。

现在中国正发生极为复杂的事情，我们尽量简单说明。中国可能想封闭自己，自给自足、拒绝贸易、屠杀传教士和外国人。

四十年前，英法用大炮教会了他们礼貌，几个港口对欧洲船只开放。一角被攻破，我们就继续推进。几个月前，日本对华战争胜利后，法、俄、英、美、日在中国无力拒绝的情况下获得了租借权，也就开始慢慢瓜分中国。

中国人很狡猾，中国政府太软弱、太懦弱，无法同外国抗衡，也就愿意策划、鼓动、支持义和团运动。那样一群无所不为的家伙，特别爱抢劫，他们的目标是把外国人赶出中国。他们在北京及其以北地区杀人、抢劫、纵火。

领事们交涉时，太后装得很生气，派军队镇压。她给军队指挥发出了特殊的密令。各国在认清了她的两面派面

━━━━━━ 图 2《小日报》1900/6/24 作者收藏

ÉVÉNEMENTS DE CHINE
Les Boxers

目后，决定自己动手，联合战胜义和团。中国遇到了历史的严峻时刻，但愿算帐时，没有什么让人无法承受的事吧！

如此情景，也一定程度上表明了联军入华的"合理性"。至少在他们的认识之中，慈禧以及清廷的"两面三刀"让外国在华利益受到了极度威胁，如果不及时进行制止，必会闹出大乱子。法国人不止一次强调"中国人很狡猾"，因此在许多图像中，欧洲士兵的形象十分高大威武，而中国人的形象矮小而野蛮，甚至被妖魔化。

图3于1900年7月22日刊登，标题为"中国发生的事件：德国水兵火烧总理衙门"。这期画报十分特殊，封面和封底刊登的均是有关中国的事件，封面是德国公使克林德在北京被杀，封底是德国水兵的报复行动。众所周知，克林德遇刺是1900年6月20日发生的事情，一个月之后才登上法国报纸的版面，存在有意与封底事件相呼应的可能。

对于这个场景，法国记者进行了措辞严厉的叙述：

我们严正报道德国驻北京公使克林德

被义和团民及其同伙杀害。

待欧洲各国军队到达中国以后，中国人将为此付出惨重的代价。

在此期间，那些目前还在中国的同胞已经开始报复行动。

德国水兵们怀着沉痛的心情集中了剩余部队，继而对外交事务部——总理衙门进行了疯狂进攻，并且将其付之一炬。

多个在其周围的中国建筑也因此被殃及，当然也有大量人员伤亡。

义和团成为清军神机营的"替罪羊"，遭到欧洲各国的强烈谴责，想必这与后来八国联军出兵中国直指剿灭义和团有着或多或少的关联，联军与义和团的仇不是一天结下的。

总理衙门上面的牌匾名称为"中外禔福"，此语出自《汉书·司马相如传》："遐迩一体，中外禔福，不亦康乎？"这正映衬了一句真理："弱国无外交"，一个千疮百孔的晚清是无法在外交活动上有"好果子吃的"。国力衰弱，与之而来的，便是失去了与洋人谈判的资本，只好寻求"中

—— 图3《小日报》1900/7/22 作者收藏

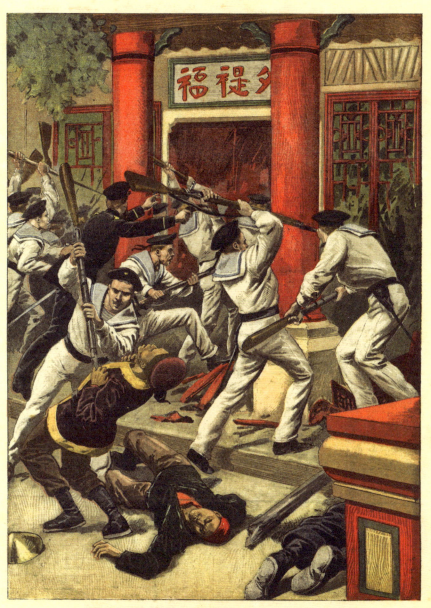

福禔外

ÉVÉNEMENTS DE CHINE

Les marins allemands brûlent le Tsung-li-Yamen

外褪福"，平安无事，相敬如宾已是再好不过的结果。

画面上的德国水兵十分气愤，尤其是正面持刺刀正在刺杀中国人的那个水兵，双眉紧缩，怒目而视。当时的总理府匾额，与德国水兵的行为形成鲜明的反差，克林德的"血债"，是用中国外交上的一大块伤疤来偿还的。

十余天过后的 8 月 5 日，图 4 描绘了清廷军队与沙俄军队在边境的一场战争。画面上的龙旗还在坚强屹立着，前排阵地倒下众多兵士，而不少后排士兵却正在往远离阵地的方向撤退。再把视线转移到河对岸，整齐的大炮依次发射，与清廷阵地的散乱无序形成鲜明对比。但这样的景象，并不能掩盖住法国人对于中俄交战的警惕以及对清廷愈发严密的戒备。

对此，法国人写道：

中国人肯定为现在发生的事情准备了很长时间。

我们为什么没有预见到？政府有情报但疏忽了吗？还是间谍没发现？这需要在今后解释清楚。

长期以来，中国人武装自己，一些太重商业利益的国家向他们出售了几十万的枪炮，中国人用得很自如。关于中日战争时中国人用陶制炮弹及其他无聊杂闻早已成往事。欧洲面对的是人数众多，武装精良的人民，远征将很艰苦，这是事实，回避它是无益的。

在义和团背后是由拿定主意的军官指挥的军队。

官员的谈判都是为争取时间的欺骗。现在不是说的时候，是做的时候，因为"黄祸"比想象的威胁要大。

入侵从俄国边界开始，中国军队让西伯利亚军队遭受严重损失。最终中国军队虽被打败，但也造成了伤害。满洲发生的事情让人思考。

由于地理原因，俄国是欧洲派军队打击北京最方便的国家。为阻挡欧洲军队，中国人实施了国家计划。

欧洲人面对的不再是土匪，而是正规军，我们将打败它，但要付出巨大的牺牲。

由此可见，洋人对待中国的态度并非一味轻蔑和不当回事，毕竟欧洲人为了扩张市

图 4《小日报》1900/8/5 作者收藏

Le Petit Journal

Le Petit Journal
CHAQUE JOUR 5 CENTIMES
Le Supplément illustré
CHAQUE SEMAINE 5 CENTIMES

SUPPLÉMENT ILLUSTRÉ
Huit pages : CINQ centimes

ABONNEMENTS

		SIX MOIS	UN AN
SEINE ET SEINE-ET-OISE		2 fr	3 fr. 50
DÉPARTEMENTS		2 fr	4 fr
ÉTRANGER		2 50	5 fr

Onzième année   DIMANCHE 5 AOUT 1900   Numero 507

ÉVÉNEMENTS DE CHINE
Envahissement de la frontière russe par les Chinois

场以及对其他国家实行利益制衡，向中国
销售了不少军火武器，虽获得了实在的银
两，也埋下了隐患——清军的战斗力大大
加强。中俄交锋最终是以清军失败而告
终，但表象背后的内在信号令人惶恐，如
今中国人向俄国人进攻，没准有一天中国
人会将枪口对准欧洲本土。这无疑让欧洲
人更加紧张，生怕这场战争会成为比"黄
祸"更可怕的侵略的开始。

在《小日报》的图像表现中，经常采用这
样的手段，这几张只是一个缩影。主体性
并不明确，反倒是这种群体参与所带来的
气势与感染力使得画面的表现力格外突
出。

一场事件，背后的参与者众多，重要的人
物少之又少。而观者去了解一段历史，既
可以通过重要人物以及其背后故事的挖
掘，又可以运用各种方式将历史的视野尽
可能扩大，但这种扩大不是无意识、无休
止的扩张，是有所抉择，相对突出，双方
存在。

一百年前，这样的理念无疑是先进的。

看客

鲁迅的《祝福》当中有这样一段描述："有些老女人没有在街头听到她的话，便特意寻来，要听她这一段悲惨的故事。直到她说道呜咽，她们也就一齐流下那停在眼角上的眼泪，叹息一番，满足的去了，一面还纷纷的评论着。"

看客，很多时候都是以群体形式出现，他们或抱着对一些事物的质疑，或是猎奇心理，唯恐天下不乱，凑在一团如同嗡嗡的苍蝇。鲁迅先生的笔下，这些看客早已经麻木，对于人的生死已经失去了本心的直觉，更何况还有蔑笑的，无知与愚昧附着了他们的灵魂。

《小日报》当中的许多画面都出现了看客，有男有女，有老有少，他们已经成为事件发生场景的重要组成。无意间，他们充当了名副其实的"历史见证者"。

在中国的军队最高指挥官沃一龙将军抵达上海。第一时间，他坚持检阅了占领军以及在上海的法国志愿兵。

他的印象很好，并致电海军部："我高兴地看到志愿兵和部队的良好状态，以及当地法国人的热情。今晚将在总领馆举行法国人招待会。"

我们不知道沃一龙将军来中国的任务，但相信他会完成好。

图1的画面左下方聚集着这样一群看客，一共七个人，衣着的颜色显然经过搭配，其中有一个中年男人身形魁梧，裸露上身，条纹红色上衣搭在背上。这七个人的发型也颇为奇特，其中两个人戴着草帽，两个人留着现代感十足的发型，剩下三个人则是把辫子盘在了头上，或干脆就剩一绺头发。这七个人眼睛一动不动地盯着法国将军阅兵的景象，尤其是那个高个男子，嘴巴微张，注意力显得十分集中。

法国受阅部队的另一边，看客数量明显比这边多。由这群看客的状态可知，他们站在一块地势较高的平台之上，最右侧的看客在一群直勾勾站立的人中十分显眼，他可能借助某一个固定物侧身企图看到更真切、细致的景象。

若是这个画面中只有威武的法国士兵和将

图1《小日报》1900/10/7 作者收藏

A SHANGHAÏ
Le général Voyron passant en revue le détachement français

军，整个画面的感觉就不会如此充实。这群看客已经融入这幅图景，成为欧洲向中国示威的最直接的传达者。

6月22日，八百五十二名朱阿夫第四营士兵离开天津登船。

离开前，他们从城中穿过，他们威猛的风貌，让前来观看的中国人印象深刻。现在，他们正在海上，祖国正准备热情地欢迎他们。

图2，僱佣军的军装红黑相间，简约中性化的服装造型，在现在看来都很时尚。

手持军旗的士兵看起来就颇有喜感，尤其是那幽默感十足的小胡子。整个军队浩浩荡荡走过街道，密集的军刀让人难以辨清军队的人数，军官的高头大马没有出现，面庞也在高大的枪杆下几近消失。

最值得说说的就是走在军队前列这个戴草帽的小孩。猛地一看，也许不少人都会认为这个小孩是给军队指路的向导，而当仔细看来，这个小孩与士兵之间并没有眼神的交流，甚至连看的方向都是迥异的。而在旁边的中国人都驻足、肃立观看的时候，这个小孩的行为就显得突兀而大胆。

绘事者的用意想必就在此，一个成年的大人是不可能在这时候贸然走在军队前头的。可是当这个人变成稚气未脱、穿着松松垮垮衣裤的小孩的时候，画面一下变得轻盈了，在这样一个相对静止的时刻通过这个小孩，似乎就能动起来。除了这个小孩，画面左侧还有八九个看客，他们并无特点，只是显得木讷和呆滞。

而后一页1905年4月23日刊登的图3则表现了一种残酷的刑罚——砍头。

按照黄种人的习惯，日本人在刑架旁边挖了六个五尺深坑。刽子手手拿一柄大砍刀，助刑人把犯人拖过来，让他们跪下。刽子手一刀砍下，血溅出来，尸体倒下，行刑完毕。尸体被扔进坑里，头放在胸上，手遮住脖子被砍断处。

图中的一位日本军人正在挥舞着自己沾着鲜血的指挥刀，向一位中国官员的头上砍去，值得注意的是另外一个军人拽住那个人的辫子，以便使其低下头露出颈部。三个日本军官在旁边看着，心神镇定。画面右侧能看到几具已经身首分离的尸体，他们的眼睛已经被纱布蒙上，图底下便是掩

———————— 图2《小日报》1901/7/14 作者收藏

ÉVÉNEMENTS DE CHINE
Les zouaves rapatriés quittant Tien-Tsin

埋尸体的土坑，铁锹被随意丢弃在土坑旁边，另一位即将被杀的人绝望地看着另一个人，眼光里流露着无助与惶恐。

这张画面背后，有无数的看客，而从他们的表情之中，读不到一丝表情上的变化，只是死一般的静默，似乎早已习惯于这种屈服。因而在这种背景的衬托之下，屠刀显得更为冷酷，场面显得更为血腥。法国战地记者的描述更有利于我们了解这件事背后的故事。

日俄战争爆发后，满洲老百姓不知道如何是好，到底该向着哪一边。

在日本人占领满洲之前，一位战地记者风趣而又准确地描述出这些人的心态："满洲人在日本和俄国之间摇摆，尽管日本人取得了一些优势，满洲人因为既不了解地理，也不了解军事，认为日本人会很快打过来，结果日本人没能很快出现。于是，他们认为俄国人不会离开。当俄军唱着歌从城中走过，他们的态度变了，几位辽阳官员公开表达了他们对俄国的信心，结果却因此招来横祸。日本人在城中有间谍，日军到来后迅速抓捕了这些官员，以他们亲俄的罪名判处死刑。"

画面当中，这些看客也许只是作为背景存在，但这些看客的想法，似乎也同中国官员一样，摇摆不定，只不过因为身份的低微、声音的暗哑，暂时逃过杀身一劫。斩首示众由来已久，将重罪者的头颅砍下之后挂在旗杆之上，对于民众起到"杀一儆百"的震慑作用。但凡事就怕过量，当过多的斩首场面呈现在公众的眼前，本能的视觉适应使得这种震慑的作用愈来愈小，死这种恐怖的东西也变得稀松平常。到最后，民众看到砍头便会麻木无知，毫无表情，有的甚至还会出现逆向的讥讽与嘲笑，病态的意识便深入到社会意识肌理之中，成为国民思想畸形的外在表现。

这次砍头引发的效应是显著的——

日本人对那些被怀疑通敌的满洲人采取无情镇压，虽然他们往往以解放者自吹。尽管日本人很残酷，满洲人一般亲日，尽管俄国人做了无数好事，满洲人仍旧向着日本。因为他们同日本人同种且习惯相近。

正应了中国人自己的一句俗语：

远亲不如近邻。

————— 图3《小日报》1905/4/23 作者收藏

Le Petit Journal

Le Petit Journal   5 Centimes   SUPPLÉMENT ILLUSTRÉ   5 Centimes   ABONNEMENTS

CHAQUE JOUR — SIX PAGES — 5 CENTIMES
Administration : 61, rue Lafayette

Le Supplément illustré
CHAQUE SEMAINE 5 CENTIMES

Le Petit Journal militaire, maritime, colonial..... 10 cent.
Le Petit Journal agricole, 5 cent.   LA MODE du Petit Journal, 10 cent.
Le Petit Journal illustré de La Jeunesse..... 10 cent.
On s'abonne sans frais dans tous les bureaux de poste

SIX MOIS   UN AN
SEINE ET SEINE-ET-OISE   2 fr.   3 fr. 50
DÉPARTEMENTS   2 fr.   4 fr.
ÉTRANGER   2 50   5 fr.
Les manuscrits ne sont pas rendus.

Seizième année   **DIMANCHE 23 AVRIL 1905**   Numéro 753

CRUELLES REPRÉSAILLES DES JAPONAIS EN MANDCHOURIE

Exécution de fonctionnaires chinois accusés de sympathie pour les Russes

洋看客

不光有中国看客，还有外国看客，但中外看客有着本质的区别。中国看客多在看"悲惨"的事件，或是同胞被斩首，或是默默承受侵略者荣耀般的进军；而外国看客聚集的地方，却总充满着欢呼与喜悦，洋溢着战胜者的荣耀，不是承受与麻木，而是一种释放。

1900年8月26日刊出的图1，描绘的是军队从马赛出发前往中国。

法国军队浩浩荡荡前行，登上远方远洋的轮船，周围挤满了前来送行的法国人。他们高举着双臂，摇着手中的礼帽，为这些即将开赴中国战场的"勇士"壮行。画面左下角的这群看客心中"燃烧着烈火"，水兵的体态近乎歪倒仍不忘猛摇手中的军帽，两位"女将"的狂热程度丝毫不输男人，不过姿态保持得很优雅。

我们的士兵在沃一龙将军的指挥之下出发前往发生灾难的地方。

他们这时候正在海上航行，每天他们都朝着可怕的危险和无数的辛劳前进。

他们要前往的中国人口众多，中国的士兵不再像以前那样粗陋，而是一群接受了良好训练甚至拥有良好装备的战士。

另外，这些中国人都是设计圈套和阴谋的"大师"，战争将是艰苦的，我们的战士明白这一点，但他们仍然满怀激情地出发。他们的眼中充满了热情和爱国的激情。

法国政府向这些英勇赴死并必将获得胜利的士兵表达敬意，但是法国政府表达的敬意无法和人民的热爱相提并论。老百姓拥挤在道路两旁向士兵高呼"军队万岁！"

几个月之后，当这群法国士兵登上中国的土地，在中国街道上排着整齐的队列行走时，周围的中国看客却没有了这帮法国人的兴致，目光呆滞的站在路旁，无声的沉默中夹杂着"无言的反抗"。中国人的人物个性几乎完全丧失，迟钝而木讷，这里包含着法兰西人一贯的心态，尤其是在这种自上而下的"俯视"当中。

━━━━━━ 图1《小日报》1900/8/26 作者收藏

Le Petit Journal

Le Petit Journal
CHAQUE JOUR 5 CENTIMES
Le Supplément illustré
CHAQUE SEMAINE 5 CENTIMES

SUPPLÉMENT ILLUSTRÉ
Huit pages : CINQ centimes

ABONNEMENTS
SIX MOIS   UN AN
SEINE ET SEINE-ET-OISE 2 fr. 3 fr 50
DÉPARTEMENTS 2 fr. 4 fr.
ÉTRANGER 2 50 5 fr.

Onzième année — DIMANCHE 26 AOUT 1900 — Numéro 510

VIVE L'ARMÉE!!!
Départ des troupes de Marseille pour la Chine

图 2 描绘的内容同样比较残酷——惩罚中国人。

在中国，人们严厉谴责哈尔滨的俄中法庭，该法庭经常对犯人实施酷刑，中国人被绑住大拇指吊起并用铁棍抽打。

最近，有报道称，一个中国人因为偷鱼，被法官判罚此刑，并在奄奄一息三个小时之后咽了气。人们抗议还因为法官和军官经常一边观刑、一边品茶，并就行刑的场面开玩笑。

欧洲是不是应该在它能够统治的地区抵制这种道德败坏的行为，取消这些残酷的酷刑？

被"吊打"的中国人实在是瘦骨嶙峋，肋骨透过一层薄薄的皮可以清楚的数出数来。旁边持铁棍的中国人还尚未动手，边上的这一群外国人早已按捺不住心中的"喜悦之情"。尤其是坐在囚犯正前方的这个洋人，二郎腿一跷，佩刀夹在两腿之间，面部表情十分松弛；边上两位大臣优哉游哉，正和洋人一同观看这样的"好戏"；大臣后头的几个戴高帽的士兵很是显眼，尤其是中间那个人嘴里叼着的烟斗。

烟斗在图像表现中具有鲜明的意义。一个是表现人物的松弛状态，豁达敞亮，毫无烦恼，很生活；一种是反映人物自身性格，狰狞的面目之下如果出现烟斗的造型，会使这个人物或阴险狡诈、或多谋善虑的一面凸显出来；另外就是用于掩饰，掩盖人物内心的纠结与复杂，缓解人物思想当中的紧张情绪。而画面中这个洋人符合第一种情况，能够叼起烟斗，说明他已然处于松弛的状态。

画面之中形成了相对封闭的视觉空间，而形成包围的，正是这一个个看客，这样的场景表现也使得此类惩罚更有"刺骨的痛意"，这种感觉直接由纸面传达到每个观者的眼睛与心中。

在当时的历史环境下，这种由"中外联合导演"的作品让人看着着实有些痛恨，不知那两个屁股坐在椅子上的中国人是否也会"不寒而栗、如坐针毡"。洋人占据的天下，生杀只在一句话之间，或许明天绑在架子上的人就换成了他们。人性深处的好奇难以消除，即便会为此搭上自己的性命。

■■■■■■ 图 2《小日报》1908/10/11 作者收藏

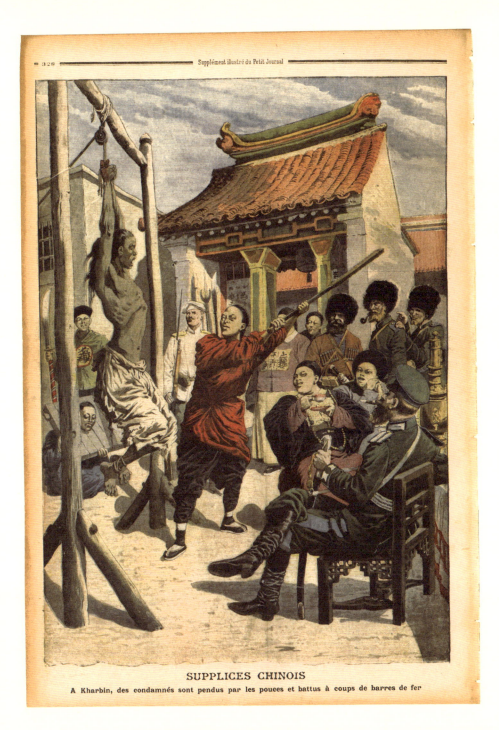

SUPPLICES CHINOIS

A Kharbin, des condamnés sont pendus par les pouces et battus à coups de barres de fer

洋人对中国文化的钦慕由来已久，从最早的瓷器、丝绸、茶叶，到后来的民间手艺、绝活，都成为了他们争相记录的事情。而对于《小日报》来说，它们似乎总在关注那些打打杀杀的场面，而非这些轻松愉悦的文化活动。在他们近五十年的图像报道中，这样的场面仅仅出现过一次。

图 3 是出版于 1911 年 10 月 22 日的画报，刊登了一幅仓库里的娱乐景象——外国人观看中国的杂技表演，图中五个人在向外宾展示杂技。

最上面的两个人正前滚翻准备落地，步调十分一致；顶上穿蓝衣的人双臂后张，姿态挺拔，站在下面人弯曲的后背上；两只正在向下落的圆圈带着长长的飘带，想必是要由那两个正在做前滚翻的人落地时接住或是从圈内穿过，整体画面动感十足。而这幅图中当之无愧的"劳模"，是支撑上头四个人全部体重、半身平躺于地面的那个人，他的膝盖微曲，裤腿上的皱褶不难让人猜想他所承担的巨大重量，但此人的面部表情轻松而安详，并无太大变化，足见其深厚的内力。

旁边那个穿蓝绿短褂的人令人有些疑惑，十分别扭的体态，颇显狰狞的面容，使人

不禁怀疑他在表演中扮演一个怎样的角色。他的后面站着三个人，其中两个成人像是这个班子的"领导"，尤其是右侧那位，左手叉腰，右手持一根木棍，眼光犀利，似乎对于眼前这几个人的表演不甚满意；中间那个小孩也左手叉腰，眼神中似有所望，也许正在学习之中。

再看这四位外国观众，其中两位叼着烟斗，可见内心深处放松、悠闲的状态。特别是坐在椅子上那位，眼皮下坠，或沉浸其中，或觉少些生气，倒是画面下方这两位十分专注地在看他们的表演。

法国记者向我们透露了这件事发生的内情：

一些流浪并被安置在仓库里的流浪艺人，在仓库表演杂技，以获得看守们的认可。最近，巴黎发现了由九个杂技艺人组成的流浪班子，法方把他们带到了中国公使馆，但中方借口已经把这些人遣送回国，拒绝接纳他们。

我们不得不把他们安置在仓库里，这些人感觉好极了。为了表达他们的感激之情，他们在那儿表演了一场大

———— 图 3《小日报》1911/10/22 作者收藏

LES PLAISIRS DU "DÉPOT"

Des acrobates Chinois, trouvés errants et hospitalisés au Dépôt, y donnent une représentation
pour l'agrément des agents et des gardiens

戏，看守和有关官员都感到非常高兴，因为在仓库这个阴暗的地方很少能够让人如此愉快。

似乎在人们的印象之中，诸如画面当中出现的技艺，多在北京天桥这种地方才能见到。手艺人凭着自己的本事吃饭，养家糊口，却身份低微，遭人唾弃。不过也正是由于当时的特殊环境，才使得各类艺术形式能够维系生命，并有所创新和传承。而诸如画面当中的一群又一群外国人，成为了这些记忆的亲历者和观察者。通过他们手中的笔、相机将各类场景记录下来，保留到今天，成为当下人们对于这段风物所剩不多的回忆。

"设计"的刺杀

《小日报》对中国事件的报道中，突发事件占了很大比重；而在这些突发事件当中，几乎大部分都是刺杀行动。诸如此类的图像，在法国画报中也不在少数。刺杀往往与血腥的场景联系在一起，头颅、匕首、鲜血，以及施暴者和受害者几近扭曲的表情，成为表现这一题材的通用元素。

回溯当时的社会环境，此等血腥的场面频频现于报端，与当时社会的猎奇情绪有很大关系。各个报纸为吸引眼球不惜去渲染、甚至是去精心设计一个场景，试图引发社会的广泛讨论，藉此使自己名声大震，获得更多的利益。

当然，有喜欢暴力的读者，也会有人刻意避讳，不想受刺激。为了调和这两种截然不同的情绪，有的绘事者通常会用一些特殊手法，弱化其中过于强烈的视觉表达，让观者暂且忘却杀戮本身的残酷与冰冷，从感情中勉强接受；当然也有一意孤行的人，他们并不考虑观者的感受，只顺着自己的想法来。

选取了几个《小日报》中的刺杀场景，深入其中，尝试用一种新的方法来观看这些图像。原来这些看似纷乱的场景中，其实有着刻意的画面安排，甚至连人物表情和动作都是提前想好的。这些"设计"出来的刺杀，传递出怎样的信息呢？

在中国人犯下的罪行中，特别要提出义和团在教堂进行的屠杀，老百姓和所谓派去维持秩序的士兵也参与其中。

当地的基督教徒遭到一大批杀手的攻击，逃到法国传教士处，在抵抗无望的情况下逃进教堂，但教堂也很快被攻占。

在圣坛的台阶上，中国人杀害了两名牧师、两名神职人员及二百多名中国基督徒并将其残忍分尸。

凶手随后散入城中烧、抢、杀。

几个幸存者向铁路上工作的俄国人寻求保护，尽管俄国人付出了超人的努力，但最终不得不同他们一起逃生。

这是一起可怕的罪行，法国、俄国和

图1《小日报》1900/8/5 作者收藏

ÉVÈNEMENTS DE CHINE

Massacre dans l'église de Moukden en Mandchourie

文明世界应要求中国方面赎罪。

上页图 1 刊登于 1900 年 8 月 5 日，法文注解为："发生在中国的事件——满洲教堂的大屠杀"，画面描绘的是一群中国人刺杀外国传教士和教民。

从画面整体布局来看，虽略显复杂混乱，但主题与背景之间的排布关系清晰而明确，层次感很强。作为主体的两位传教士，一位已经失去重心卧倒，由于被人用手锁住喉咙，他的嘴微张，右手上举企图挣脱；另一位传教士的身体重心向右偏侧，刀剑已经无限逼近他的耳朵，传教士的面部表情刻画得十分传神，眉头紧锁，双目侧视另外一个正在被刺杀的传教士，也深知自己难逃厄运。

作为背景的两团火把燃烧冒出的黑烟，加之三个用木棍插着的教民的人头，烘托出当时教堂里的紧张场面。画面左下方的两具平展的尸体作为引入，而正在被刺杀的两个中国教民也对主体人物进行了烘托。画面左上方那个手持尖刀的人大有向十字架刺击的趋势，这个人物的构思十分巧妙，在视觉上构成了平衡。

虽然表现的是杀戮，但在画面当中，无不显示着绘事者的构图意识，这样反倒掩饰了部分残酷和血腥的场面，弱化了对观众视觉上的刺激感。

图 2 刊登于 1899 年 12 月 3 日，正值湛江抗法事件期间，法文注解为："两位法国军官广州湾被杀"，同样是表现刺杀题材。

别的国家在中国想要的东西很明确，法国却很模糊。法国的所设机构常常受到威胁，中国人得寸进尺。最近，在中国发生了一件令人悲伤的事情。驻扎在 Montao（年代久远，此音译之地名无法查证）哨所的两名法笛卡尔舰军官约瑟夫·库恩（Joseph Koun）和让·吉越姆·古尔拉胡安（Jean Guillaume Gourlaouen）在无护卫的情况下想要渡河，在途中，他们遭到中国人的袭击被杀害。

库恩是一名二十二岁的军官，出身于一个普通教师家庭。他克服了无数困难当上海军军官，因为他是家中九个孩子里的长子，他每个月会从一百一十法郎津贴中拿出九十法郎寄回家供大弟弟读海军医学。

希望政府能够帮助他的家庭，并为他

———— 图 2《小日报》1899/12/3 作者收藏

Le Petit Journal

SUPPLÉMENT ILLUSTRÉ

Huit pages : CINQ centimes

Le Petit Journal
CHAQUE JOUR 5 centimes

Le Supplément illustré
CHAQUE SEMAINE 5 centimes

ABONNEMENTS

	SIX MOIS	UN AN
SEINE ET SEINE-ET-OISE	2 fr.	3 fr. 50
DÉPARTEMENTS	2 fr.	4 fr.
ÉTRANGER	2.50	5 fr.

Dixième année   DIMANCHE 3 DECEMBRE 1899   Numero 472

DEUX OFFICIERS FRANÇAIS ASSASSINÉS A QUANG-TCHEOU-WAN

和他的战友报仇。

图2的画面上出现了九个人物，其中两人旁观放哨，五个人正在行刺。主体的三个人各有分工，左侧的人手持长枪刺向对方的左腹，右侧的人手持短刀向法国人的侧身刺击，而中间的那个人负责抢夺手枪。被刺的法国人半跪在地，面目狰狞，通过旁边三人的表情可以看出当时他们极其用力。画面后方的另一个法国人身体向后扭曲，一人负责控制、一人负责行刺，这一瞬间发生的场面被详细记录下来。

1900年7月22日刊登的图3，描绘的是神机营兵士在西总布胡同刺杀德国公使克林德。

中国人的野蛮和未开化在一场由大量欧洲人实施的杀戮之后表露无遗。这些由天朝政府支持的可憎的义和团民所造成的人员遇难数量，在短时间内我们将不得而知。

然而，我们知道其中最严重的罪行，即死亡悲剧的诞生，这在整个欧洲引起了巨大的轰动。

这就是关于德国驻北京公使克林德被杀害的悲剧。

他在过马路时遭到叛乱分子的攻击，他被推倒，继而被杀害；他的尸体甚至被叛乱士兵用刺刀撕碎。

克林德先生曾是一名军官，在对金融界彻底失去希望后，他进入外交界：他算是背离了家族惯例。

他总是充满智慧和活力。

德国皇帝下令要为其驻外使节报仇，并且他也遵守了自己的诺言。

正如文字中记录的那样，克林德仰面躺倒在街上，双手撑开，可能已经死去；而周边围拢的兵士手持利刃，准备向克林德刺去。画面上方四个物体依次向下排布：神机营兵士手中木杖、高擎的龙旗、惊枪之马和军士高举的手臂。马被惊吓，那一瞬间的跃起使得画面具有动态的表达。

而将文字描述的场景与袁昶等人对于克林德被刺的记录对比来看，这张图像的描述是存在相当大的出入的。一是克林德当时不是一个人，他的翻译柯达士陪同克林德一同去西总布胡同的总理衙门去交涉，并在袭击中受伤。二是克林德是被神机营的火枪击毙的，而后的酉时至亥时，神机营

———— 图3《小日报》1900/7/22 作者收藏

Le Petit Journal

Le Petit Journal
CHAQUE JOUR 5 CENTIMES
Le Supplément illustré
CHAQUE SEMAINE 5 CENTIMES

SUPPLÉMENT ILLUSTRÉ

Huit pages : CINQ centimes

ABONNEMENTS

	SIX MOIS	UN AN
SEINE ET SEINE-ET-OISE	2 fr.	3 fr. 50
DÉPARTEMENTS	2 fr.	4 fr.
ÉTRANGER	2.50	5 fr.

Onzième année
DIMANCHE 22 JUILLET 1900
Numéro 505

ÉVÉNEMENTS DE CHINE

Assassinat du baron de Ketteler, ministre d'Allemagne

和德国兵相互攻击，枪声不断，而非画面中所表现的神机营兵士团团包围克林德，乱棍乱刀横飞，亦不能出现士兵用刺刀"撕碎"克林德的场景。

可见，为了激起欧洲社会的强烈舆论，媒体报道也在用夸张事实、加工图像的方法来博得眼球。当然，这样的夸大与改造还包含大量的艺术化处理。

图4描写的是中国海盗袭击法国轮船的情景。

画面右下方的两个人正在传递货物，似乎还在对话。而左侧的法国人已经被控制，戴着斗笠草帽的海盗嘴里咬着尖刀，眼神冷淡，右手抓住法国人的手腕，左手掏兜，刻画的形象细腻而传神，尤其是他的一身红衣服，会不由自主地吸引观者的注意力。船的另一侧，海盗有的正在翻越护栏而过，有的伺机而动，亦有人在搬运已经抢到的钱财货物。画面右侧的另一个法国人的手枪朝上高举，但已经无法挣扎，而他的旁边，尖刀正在向另一个船员刺去，小命呜呼了。

画面当中虽显得有些凌乱，但似乎每个海盗又各司其职，有动有静，有主有次，也有人物的穿插交错。绘事者能将瞬间发生的事情描绘得如此细腻，同时保留了每个人在那一时刻的真实动作，很是难得。

这些图像只是一个缩影，借此来呈现《小日报》多元的观看方法。历史已成过往，现今可见的关于历史的文字和图像记载太过有限，比真相要片面和单薄许多。这时候就需要从其他途径去获得相关史料，找到它们的内在关联，从而为图像辅以合理而得当的注解。

图4《小日报》1913/6/22 作者收藏

VAPEUR FRANÇAIS ATTAQUÉ PAR DES PIRATES CHINOIS

外露的极端

除了刺杀题材之外，《小日报》也展现过不少"砍头"场景。相较于照片真实的情境刻画，这些经过处理的图像虽然在视觉上略显柔和，但整体来看仍有强烈的暴力表达。借助于这样的行为，洋人试图揭露中国刑罚的残暴，并在适当时机，运用刑罚来告诫中国人，这其中多有荒野粗蛮的讽刺意味。

"中国展开的又一次杀戮，皇太后让皇帝看亲俄大臣的首级"，出版于 1904 年 3 月 6 日。从图 1 画面当中可以看出，七八个士兵高举长枪正在向太后、皇上炫耀他们的"功绩"，枪头上的人头仍在滴血，面容狰狞，发型散乱，阴森而残酷。其中左侧的士兵格外"另类"，用左手直接拿着人头，而在他的脚边，就是四个随意堆在台阶上的头颅。画面最右侧的兵士手中拿着一个竹制小筐，筐里也装着一颗人头。

近日，有消息称西太后已死的消息是假的，她刚刚证明自己还活着，不会对她的子民进行新的屠杀。1900 年中国发生反欧起义时，我们介绍过光绪和西太后的生活。西太后今年七十岁

了，但她的精神和身体力量没有减少，她仍是国家真正的君王，她是下命令者，她的外甥可怜的光绪皇帝被她恫吓，依附于她，只是中国名义上的统治者。虽然临近死亡，也没有让这个凶残的女人有丝毫的怜悯。她是那些被中国人称为洋鬼子的人的死敌。

至今，我们都没有忘记苏元帅（M. le maréchal Sou）因忠于法国被监禁、毁灭、流放。今天轮到俄国了。

她将对欧洲特别是俄国的厌恶兑现到那些向着俄国的人身上。近日，她会处决一些被指控对俄国太软弱、太维护俄国利益的高官。

远东报纸报道，西太后让人用矛挑着这些官员的头，给她那吓坏的外甥皇帝看，而她则长时间地盯着这一惨景。

画面上的慈禧太后丰腴富态，纵然面对如此场景，她的面部表情严肃却也平淡，不像光绪皇帝那样，右眼睁大，身体向前微

图 1《小日报》1904/3/6 作者收藏

NOUVEAUX MASSACRES EN CHINE

L'Impératrice douairière présente à l'Empereur les têtes des mandarins accusés d'avoir favorisé les intérêts russes

曲，双手抓紧椅子扶手，看起来十分惶恐。

这可谓是《小日报》当中最血腥的一张图像，远比表现刺杀题材要残酷许多，暂且不论其表现的场景是否在真实的历史场景当中存在，单单这样的画面传递到当时欧洲人的眼前时，清廷的野蛮和残酷一面却被勾勒出来。而此时，慈禧衣服袖口那两朵红色大牡丹花，简直就像是被鲜血染出来似的。

清廷的末日并不消停，虽说开化一直曲折进行，但因保守和自闭延伸而出的野蛮和固执却成了促使其自我毁灭的"一根稻草"。到头来，慈禧一声令下的砍头不仅仅杀掉了一批官员，还让俄国人看了笑话，借着清廷的刀"谢谢"了这些曾经帮助过自己的人。

不仅是皇太后向皇帝示威，洋人也在向中国人和清廷示威。

完成对于北京的控制之后，洋人开始向义和团泛滥较为严重的保定府进发，1900 年 10 月 28 日的《小巴黎人报》向人们展现了当时洋人占领电报站的情形：

现在派往保定的远征军正在开进，这支军队由两路人马，一支由德、法、意组成，由拜尤将军（M. le général Bailloud）指挥，另一支由坎贝尔将军（M. le général Campbell）指挥，在保定逐村搜索义和团。

图示法军占领中国一个电报站，如果我们占领所有电报站，中国宫廷将被孤立，得不到信息也下不了命令。

图 2 画面当中，手持兵刃的外国士兵将三名电报站的中国人包围，三个人除了束手就擒别无他法，地上散落的电线揭示出当时场面的措手不及。依靠电报通信的清廷如果没有了一个个电报站的支撑，也就如同切断手脚一般，洋人可以把控制权牢牢掌握在自己手中。

仅是数月之后，保定府就被洋人完全控制住。虽然当地官员奉朝廷命令绞杀义和团，对洋人一再和气、卑微，生怕洋人怒火重生，但这并没有阻止一场报复行动的发生。直隶布政使廷雍、守尉奎恒、参将王占奎等人被联军以纵容义和团为由被斩首。1901 年 1 月 20 日，《小日报》刊图报道在保定府发生的报复事件：

———— 图 2《小巴黎人报》1900/10/28 作者收藏

Douzième année. — N° 612.   Huit pages : CINQ centimes   Dimanche 28 Octobre 1900.

Le Petit Parisien

SUPPLÉMENT LITTÉRAIRE ILLUSTRÉ

TOUS LES JOURS
Le Petit Parisien
5 centimes

DIRECTION: 18, rue d'Enghien, PARIS

TOUS LES JEUDIS
SUPPLÉMENT LITTÉRAIRE
5 centimes.

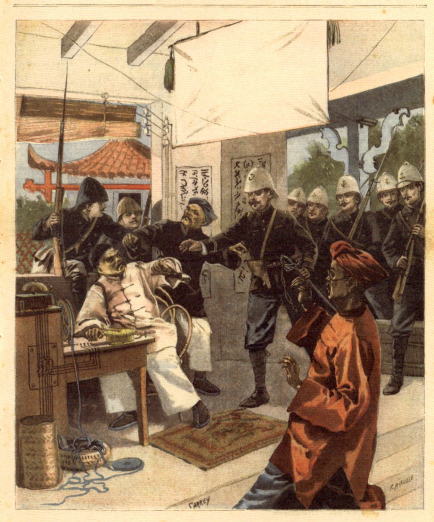

EN ROUTE VERS PAO-TING-FOU

最近我们曾介绍过部队对保定府的突击。

占领保定后，拜尤将军处决了一些该杀的人。尽管迟到的英国人自己也想做此事，拜尤将军没有答应。他下令逮捕了三个最重要的嫌犯进行审判，因为认定他们屠杀，就做出判决并实行斩首。在行刑时，将军还炸掉和烧毁了城墙。

杀一儆百，该地区的中国人吓坏了。罪犯是当地的大人物，所以无法找到刽子手行刑。我们只好又骗又强迫。

图3画面中，一位保定府官员在清廷和联军的监视下被执行斩首。联军三位将领骑在马上监督整个行刑过程。中间的那位首领左手叉腰，炫耀与征服感不言而喻。而保定府官员整齐列队，几位站在前头的大臣表情严肃而凝重，场景后方满是战火与硝烟。

表面上看来，这是联军惩治官员治理义和团不力，刀落一刻足以起到警醒与威慑作用，使义和团民瓦解四散；往细里头琢磨，这其实是洋人给清廷及其官员上的一场生动的"现场教学课"，重申"无条件听从洋人"的重要性。在此之前，保定城已然成了刑场，联军到处捕杀义和团民，剩余官员无不恐慌万分，生怕哪天身首异处。这次，洋人选择故技重施，向清廷的遗老遗少"开炮"。

后页图4《小巴黎人报》中的这张图像，与《小日报》那张如出一辙，虽在构图上存在差异，但两者描绘的应该是同一场景。将两者相比，有利于观者进一步了解这个场景以及背后的故事。画面中，联军仍是主体，官员却换成了当地的乡绅和普通民众。依旧是在残垣断壁下进行的杀戮，依旧是残酷而肃杀的气氛。

《小巴黎人报》的文字有助于我们细致地了解这段史实：

三个煽动保定府屠杀的官员刚刚被处决。杀他们的时候找个刽子手都很难，结果德国人推荐了一个，他以一千两白银的报酬同意来砍三个脑袋。

结果这个狡猾的家伙明白他正在冒险，因此拒绝履行承诺。我们不得不以死相威胁，迫使他去行刑。

——————— 图3《小日报》1901/1/20 作者收藏

Le Petit Journal

SUPPLÉMENT ILLUSTRÉ

Le Petit Journal
CHAQUE JOUR 5 CENTIMES
Le Supplément illustré
CHAQUE SEMAINE 5 CENTIMES

Huit pages : CINQ centimes

ABONNEMENTS

	SIX MOIS	UN AN
SEINE ET SEINE-ET-OISE	2 fr.	3 fr. 50
DÉPARTEMENTS	2 fr.	4 fr.
ÉTRANGER	2.50	5 fr.

Douzième année   DIMANCHE 20 JANVIER 1901   Numéro 531

ÉVÉNEMENTS DE CHINE
Exécution à Pao-Tin-Fou

来观刑的人很多，其中还有德国的冯·克林德将军（M. le général Von Ketteler），他是在北京被刺杀的德国公使的兄弟，他的旁边是联军军官，这个处罚极其残酷。

这个刽子手裹着蓝布，手里拿着砍刀，他的两个助手按住受刑者，一个按住他的身体，另一个把他的辫子向前拉，让他低下头。三个受刑者都没有反抗，刽子手向后退一步，举起刀，用力挥动，快速砍落。

刽子手不得不对其中一个受害者再补一刀才把脑袋砍下来。

行刑后这些人的首级被装在笼子里挂在旗杆顶上当街示众。

如果说斩首多是对于个人失当行为的极端惩罚，那么将斩首这种惩罚公之于众便是将这种极端进行公开化，让它变成更具渲染力的、带有示威和告诫意图的行为。这种行为在中国历史中并不鲜见，而在近代，它也变成了洋人加强自身威严以及存在感的暴力工具。

当战乱稍止，洋人撤出中国，他们虽已没有了宣示威仪的刑罚手段，却对中国新的刑法充满好奇。约翰·汤姆逊（John Thomson）《中国与中国人影像》第十四号照片中，描绘了一种旧时特有的刑罚——站笼。这种笼子是特制的，罪犯要么选择用脖子承担起自己的所有重量，要么选择踮起脚尖，让并不宽裕的脚尖承担身体的所有重量。如此往复，直至被折磨死。后页图5，1907年3月17日的《小巴黎人报》中，也对这种刑罚进行了一番描述：

这是中国人发明的新绞刑，把犯人关在笼子里头固定住，脚站在砖或石头上。每天会给他吃的，同时时不时地抽掉脚底下的砖，犯人不得不最后用脚尖站立几天，最后才被绞死。有时犯人家属会买通刽子手给犯人喂毒药，以减少他的痛苦。

当时的报刊将此类极端场景呈现于读者面前，适当与否确有很大争议。碍于社会环境的原因，一些西方报刊因招徕读者的需要，在报刊上经常刊载一些能够吸引眼球的刺激性图像，在形成一定的社会舆论同时，也背上了没有人性的骂名。

直到现在，当人们看到这些图像，难免还会产生反感情绪，不明事理者可能还会指

■ 图4《小巴黎人报》1901/1/20 作者收藏

Treizième année. — N° 624   Huit pages : CINQ centimes   Dimanche 20 Janvier 1901.

Le Petit Parisien

SUPPLÉMENT LITTÉRAIRE ILLUSTRÉ

DIRECTION: 18, rue d'Enghien, PARIS

TOUS LES JOURS
Le Petit Parisien
5 centimes

CHAQUE SEMAINE
LE SUPPLÉMENT LITTÉRAIRE
5 centimes

ABONNEMENTS
PARIS ET DÉPARTEMENTS:
12 mois, 4 fr. 50. 6 mois, 2 fr. 25
UNION POSTALE:
12 mois, 5 fr. 50. 6 mois, 3 fr.

EN CHINE
LES EXÉCUTIONS A PAO-TING-FOU

责上述种种暴行。不过统治者与被统治者
之间，难免会因利益争执而产生矛盾，必
要的惩戒手段其实是在维护正义，予邪恶
以震慑。同样，战争逃不过血腥与杀戮，
意味着有战胜者与战败者之分，只不过因
为人们鲜见真实场景而一时难以接受，这
也是图像述说的残酷和负面之处。

就这些图像来说，西方人借助于这些图像
表明态度，用以宣示威仪，树立存在感。
他们也会以一个旁观者的身份看看新鲜，
指责清朝统治者以及一部分中国人的残暴
与野蛮，用暴力手段来解决问题。

历史行进当中，难避免这样一种情绪，伴
随战胜者的炫耀与失败者的悲情，斥责与
同情缠绕，并且不断波动与交替，这也是
如今我们面对图像时，感情如此复杂的原
因。

━━━━ 图 5《小巴黎人报》1907/3/17 作者收藏

UN SUPPLICE CHINOIS — LA STRANGULATION LENTE

相见如故

身处异国他乡，能够见到肤色一样，语言相同的人是件幸福的事情。见到他们犹如见到了自己的亲人，见到了自己的国家，特别是身处危难的时候，这种感觉会尤为强烈。

在《小日报》描绘庚子事变的图像当中，就有同胞相见的场景。面对义和团的猛烈围攻，这些人岌岌可危，法国军队的到来，使他们绝处逢生，激动异常，欢呼、拥抱、双双泪眼，也许这是上帝的眷顾，是生命中注定的幸运。

图1是出版于1900年11月11日的《小日报》，刊登了一张法国军队在保定府解救欧洲人的图像，这一刻似乎是双方盼望已久的。画面正中，一个外国人张开双臂，快步向前与法军军官拥抱，表情十分激动。而他背后的这群欧洲人见到法国军队到来，高举双臂欢呼，对他们的及时来到表示感激，画面中的小孩仍旧紧紧抓住大人的衣角，似乎还未从之前的惶恐中缓过神来。

对于这场营救事件，有人写道：

联军在中国以突袭的方式寻找被囚禁的欧洲人，各国军队都很热心、努力，但幸运的是总是法国军队第一个找到，其他国家的军队赶到的时候已经无事可做，他们感到奇怪，但也只能承认这种不同寻常之处。

被关在保定府的法、英传教士，法、比、意工程师和欧洲人在经历苦难后被特鲁德上校（M. lecolonel Trude）指挥的一支法国小分队解救。

他们很高兴也很感激。法国部队的"号角"来得很快，那声音对他们意味着痛苦的结束。

报道当中流露着法国军队的威风与荣耀，这些光环还被罩上了几分"神秘"的影子。

在当时，作为直隶省的首府，保定有大量传教士及在中国经商筑路的欧洲人。义和团起义爆发之后，保定府的各个教堂受到了相当大的冲击，南关基督教公理会、北关长老会教堂等地相继被毁，英、美传教士及中国教民死伤甚众，幸存的外国人纷

—— 图1《小日报》1900/11/11 作者收藏

Le Petit Journal

SUPPLÉMENT ILLUSTRÉ

Le Petit Journal
CHAQUE JOUR 5 centimes
Le Supplément illustré
CHAQUE SEMAINE 5 centimes

Huit pages : CINQ centimes

ABONNEMENTS

	SIX MOIS	UN AN
SEINE ET SEINE-ET-OISE	2 fr.	3 fr. 50
DÉPARTEMENTS	2 fr.	4 fr.
ÉTRANGER	2.50	5 fr.

Onzième année — DIMANCHE 11 NOVEMBRE 1900 — Numéro 521

ÉVÉNEMENTS DE CHINE
Européens délivrés par le détachement français à Pao-Ting-Fou

纷选择撤离，当然也有部分人被困无法逃脱，画面中的人便是如此。在 1900 年 8 月北京陷落之后，英、法、德、意四国军队与从天津登陆的法军一道于 10 月下旬占领保定，对当地的义和团残余势力进行剿杀。直至清政府与联军签订《辛丑合约》之后，联军才撤出保定。

而在此情景出现的几个月之前，欧洲使团在北京遭到义和团的包围，图 2 是 1900 年 7 月 22 日的《小巴黎人报》：

所有欧洲驻华使团都集中在离中国政府不远的一个区。义和团爆发以来，使团受到义和团甚至清军的侮辱、攻击。所有逃到这里的外国人、公使、领事、职员在几个士兵帮助下用家具筑垒，拼命抵抗。这场景让人想起那幅画"最后的子弹"。只不过还多了妇女、儿童。

万难之下，欧洲军队的出现使他们脱离了险境。后页图 3，1900 年 9 月 9 日的《小日报》封面图像中，纷乱的人群与前方倒下的义和团民形成鲜明对照。画面正中依旧是军民热烈的拥抱，在其左侧，一个男人搂着自己受伤的亲人，与士兵握手，穿粉衣服的女人合手祈祷，远处是好几顶高扬的帽子，甚至还出现了一位"腾空跳跃"者，可见其内心的兴奋。

文明世界遭受的可怕焦虑终于结束了，联军攻占北京，8 月 15 日晚，使团获救。部队及时赶到，因此找到使团时，他们幸好都没遇害。

这些可怜的公使只有三天的食物，而凶残的围攻者想方设法要抓住并杀掉他们。使团住处落下了四千枚炮弹，七十五名卫兵牺牲，一百六十名士兵受伤。中国人要赎罪，我们会奖励这些英雄，他们同我们的代表波颂公使（M. Pichon）一样，以令人钦佩的勇气抵挡了一群疯狂野蛮人的进攻。

好消息由外国人传到欧洲，他们大赞本国士兵如何如何，却不说法国军队。还好弗雷将军（M. le général Frey）和波颂公使的电报来了，把事情说明白了。

我们了解到将军指挥第一次并肩作战的俄、法军队在攻占北京时发挥了突出作用。我们对此从未怀疑，但还是要说清楚。

联军还在全力执行任务，大元帅瓦德

———— 图 2《小巴黎人报》1900/7/22 作者收藏

Douzième année. — N 598.　　　Huit pages : CINQ centimes　　　Dimanche 22 Juillet 1900.

Le Petit Parisien

SUPPLÉMENT LITTÉRAIRE ILLUSTRÉ

TOUS LES JOURS
Le Petit Parisien
5 CENTIMES.

DIRECTION: 18, rue d'Enghien, PARIS

TOUS LES JEUDIS
SUPPLÉMENT LITTÉRAIRE
5 CENTIMES.

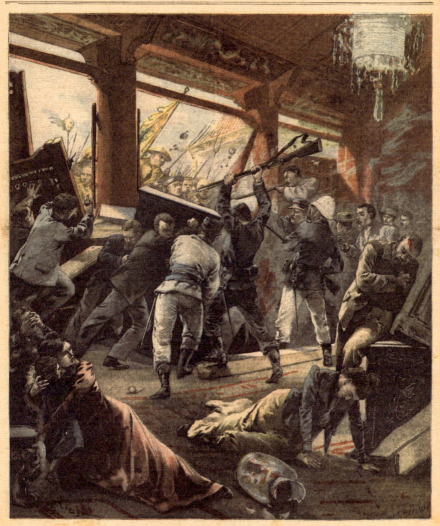

A PÉKIN
LES LÉGATIONS EUROPÉENNES ASSIÉGÉES PAR LES REBELLES CHINOIS

西（Alfred Graf Von Waldersee）到达时可能会发现活儿都干完了。

这将是在中国悲剧的好结局。

可以想象，当这些画面传到万里之外的欧洲，定在当时引起了社会对于军队解救同胞这一行为的一致赞誉。而法国人依旧以高傲的文笔描绘自己在战争当中不可替代的作用，以及其取得的突出成绩。

对大多数人来说，战争本身与自己并无直接关联，只是在强大的上层利益与意志的争夺之下，自己被迫选择，或者根本无法选择，进而成为对方在一定范围内可见、可攻击的目标。毕竟老百姓不是"战争贩子"，也无准确的大局判断，更不可能靠一己之力抓住对立的症结所在。从这个角度来看，战争的底层参与者，基本都是无知且麻木的，更不用说那些并不直接参与战争的人了。

再者，存在本身意味着选择，有利的一方会刻意描绘自己的正义一面，相对处于不利地位的一方会强调自己的损失与无辜。或许我们不能对法国人如此"正义"的描绘轻易接受，这是人之常情，毕竟是另一种视角的呈现。如今看到这些画面，不如权当是久别后的重逢，相见如故就好。

图 3《小日报》1900/9/9 作者收藏

Le Petit Journal

Le Petit Journal
CHAQUE JOUR 5 CENTIMES
Le Supplément illustré
CHAQUE SEMAINE 5 CENTIMES

SUPPLÉMENT ILLUSTRÉ
Huit pages : CINQ centimes

ABONNEMENTS

	SIX MOIS	UN AN
SEINE ET SEINE-ET-OISE	2 fr	3 fr 50
DÉPARTEMENTS	2 fr	4 fr
ÉTRANGER	2.50	5 fr

Onzième année — DIMANCHE 9 SEPTEMBRE 1900 — Numéro 512

ÉVÉNEMENTS DE CHINE
Les légations délivrées

表象之下

公说公有理，婆说婆有理——站在不同的立场，也就在做不同的言说。

尽管讲求客观公正，不偏不倚是事实呈现的"理想状态"，但真要做到却十分困难。脱离于事件发生现场，无论以何种手段和途径，必然多少会带有主观选择色彩。

战争的描述更是如此，尤其是对于战时的新闻报道而言，文字的力量不输枪炮，甚至有时会成为一把锋利的钢刀，直插敌人心脏。一篇报道会鼓舞人心，激发全民的斗志和激情。当然，愈是纷乱的时代，事实呈现愈容易被蓄意加工、缺乏人文关怀，甚至存在虚假、颠倒的可能，这些言说虽然在当时不容置喙，却在历史的淘洗中渐露真色，变得愈发真实。

通常在法国画报中，包括法兰西在内的欧美等国都是以战胜者的形象出现，图像当中多洋溢着战胜者的荣耀和当地人民对这些人的俯首帖耳。然而在这"一片花开"之中，法国人也在费尽心力维持自身的"正义"形象，不惜以牺牲事实、颠倒黑白为代价。冷静而观，这种"强颜欢笑"显得如此拘谨和无力。

法国远征军占领了皇陵，离北京不远的地方。

此举影响极大，因为在中国、印度或远东国家，老百姓有死亡迷信：他们相信死者不满足于生活在更好的世界里，仍旧关照活人，对他们施加影响。

法军占领皇陵向中国人证明，我们是主人，因为死人的威力也不足以抗拒我们，因此占领既是军事行动，也是外交行动。

1900 年 12 月 23 日，《小巴黎人报》报道了法国人占领皇陵时的情景。从图 1 中不难看出法国军队在皇陵之中烧火做饭，一幅悠闲景象。这景象背后，实际上是法国人释放出来的一个明确信号：中国人忌讳什么，我们就偏要干什么。任何人也不能阻挡我们，因为我们早已掌控了这片土地，清廷和中国人必须老实听话。

如果说军队对于皇陵的占领是向老祖宗示

———— 图 1《小巴黎人报》1900/12/23 作者收藏

Deuxième année — N° 620   Huit pages : CINQ centimes   Dimanche 23 Décembre 1900

Le Petit Parisien

SUPPLÉMENT LITTÉRAIRE ILLUSTRÉ

DIRECTION: 18, rue d'Enghien, PARIS

TOUS LES JOURS
Le Petit Parisien
5 centimes
CHAQUE SEMAINE
LE SUPPLÉMENT LITTÉRAIRE
5 centimes

ABONNEMENTS
PARIS ET DÉPARTEMENTS:
12 mois, 4 fr. 50. 6 mois, 2 fr. 25
UNION POSTALE:
12 mois, 5 fr. 50. 6 mois, 3 fr.

EN CHINE

Un Campement français près des Tombeaux des Empereurs

威，那么对于故宫的占领则像是向皇权示威。同样是烧火做饭，洋人却引起一场巨大的火灾，只不过动机令人怀疑。

1901 年 5 月 5 日刊出的一张《小日报》封面图像题为："皇宫大火——玛尔尚上校指挥救火"。从图 2 不难得知此次火灾来势汹汹，法军士兵搬动一摞摞厚重的书籍资料，也有的士兵登上梯子救火，图像正中的玛尔尚上校正在指挥士兵救火，画面中传递出局势紧张却安排有序的场面感。

对图像所绘事件的文字报导中充满对玛尔尚上校的一片赞美之声：

在北京，一场燃烧的大火伤及了大部分皇宫，特别是军官瓦德西居住的那一部分。瓦德西从一扇窗户跌下来，没能逃脱。

至于施瓦茨霍夫将军（M. le général Schwarzhoffet）和其他三名德国军官则被烧焦了。

其余的人都被救出来了。需要强调的是，这一切均多亏了玛尔尚上校出手。

玛尔尚上校英勇无畏且才智过人。作为法国和日本军队的头领，他组织了救援。他不停奔走，动员其同伴并且

身体力行地为救援做出努力。

我们可爱的同胞于是借此机会又一次地显示出了自身的价值。

他很好地证明了像他这样的人，不管在何种境况里，都坚持自己；他不挥霍权力，相反地，他利用自身权力实现英雄行为，建功立业。他自己深谙此道。

外媒热烈地报道了他的英勇事迹，到处充满了对其颂扬之词。

这场大火似乎并非恶意为之，我们认为它完全是一个无能政府的自作孽，是一个将炉灶建在官员办公室中的政权的咎由自取。

德国皇帝已经对此次造成伤亡的罪行进行了相应处置，特别是对施瓦茨霍夫将军的丧生。虽然，传言说他是为了救他的狗而死。

故宫自建成之初就存有相当大的火患，自 1900 年八国联军进京之后更频遭大火。联军士兵故意纵火，借机抢夺宫内财宝，救火不过只是借口而已。而法国人将这次火灾归因于"炉灶建在官员办公室中"，借此又对清廷的无能进行抨击，看似合理的

图 2《小日报》1901/5/5 作者收藏

Le Petit Journal

SUPPLÉMENT ILLUSTRÉ

Le Petit Journal
CHAQUE JOUR 5 centimes
Le Supplément illustré
CHAQUE SEMAINE 5 CENTIMES

Huit pages : CINQ centimes

ABONNEMENTS

	SIX MOIS	UN AN
SEINE ET SEINE-ET-OISE	2 fr.	3 fr. 50
DÉPARTEMENTS	2 fr.	4 fr.
ÉTRANGER	2.50	5 fr.

Douzième année

DIMANCHE 5 MAI 1901

Numéro 546

ÉVÉNEMENTS DE CHINE

Incendie du Palais de l'Impératrice. — Le colonel Marchand dirigeant les secours

借口实际上是法国人玩儿的"花活"。

火灾无情，法国军官很有爱——玛尔尚上校充满了英雄色彩，在"火海横流"时尽显英雄本色，成为了法国人引以为荣的骄傲。与此同时，法国人也不忘在结尾调戏一下德国佬，将施瓦茨霍夫的丧生归因于其救狗的行为。

有句话叫"盛名之下，其实难副"，其实在表象之下，潜藏的东西远非我们想象的那样简单。看似正义的言说，有时候真相却不堪入目。保持对于言说的一种质疑态度至关重要，这有助于冷静对待事实，也让人看得清世界。要是世界能够保持如此有序与分明的界限，双方都是正义的化身，那战争缘何出现？

冰火之隔

看似同等的待遇，但强者与弱者之间，却大不相同。

图1是1900年10月14日，《小日报》一张有关李鸿章的事件图像，由广州奉召回京的"全权议和大臣"李鸿章，在俄军和日军的护送之下，前往"指定地点"会见八国联军各国代表，与其商谈议和事项。而在这件事件发生之前，包括时任两广总督李鸿章、湖广总督张之洞、两江总督刘坤一等人一直对保守派官僚的"抚"字方针持反对态度，主张坚决剿灭义和团。可朝廷并未采纳他们的建议，在庚子事变发生之后，朝廷才想起李鸿章，授以直隶总督兼北洋大臣的实权，命其迅速回京，来联络各个国家，从中斡旋以缓和局势。

李鸿章对于京津局势不免忌惮，一直不敢回京，驻留上海观察局势、打听情况。由于李鸿章同俄国关系密切，俄国人同意表示愿意保护他的人身安全，李鸿章这才同意坐船北上，在天津逗留半月之后到达北京，与庆亲王一起同洋人谈判。可洋人似乎并不急于议和，要趁机协调彼此之间的利益分配，清廷却早已急得

上火，只希望外夷停止入侵，为此不惜搭上钱财和脸面。

中国战争还在继续，无特别事件，盟军似乎被中国人的诡计欺骗了。

中国人巧妙地使谈判缓慢，他们知道糟糕的季节即将到来，这将迟滞军事行动。有些人错误地认为他们面对的中国人同四十年前的一样，天真地认为能用龙首吓唬欧洲人，大炮一响就逃之夭夭。今天西方军队要面对无数民众，其中不少人的装备比西方人还要精良。德国人和英国人为了谈判提供了优质的枪炮，这些枪炮今天对准了他们自己。

我们使中国军队惨败，但没有消灭他们，于是俄国人聪明地提出有条件撤军。

正视现实很重要，当然荣誉也不能没有，同样我们要放弃幻想和情感因素，要想到我们陪着德国玩儿没有好处，他们一开始就介入很深，而起初我们的承诺为俄皇的要求做牺牲也很

—— 图1《小日报》1900/10/14 作者收藏

Le Petit Journal

SUPPLÉMENT ILLUSTRÉ

Le Petit Journal
CHAQUE JOUR 5 CENTIMES
Le Supplément illustré
CHAQUE SEMAINE 5 CENTIMES

Huit pages : CINQ centimes

ABONNEMENTS

	SIX MOIS	UN AN
SEINE ET SEINE-ET-OISE	2 fr.	3 fr. 50
DÉPARTEMENTS	2 fr.	4 fr.
ÉTRANGER	2.50	5 fr.

Onzième année   DIMANCHE 14 OCTOBRE 1900   Numéro 517

ÉVÉNEMENTS DE CHINE
Li-Hung-Chang escorté par les troupes russes et japonaises

傻。用中国人的话说，我们要保住面子，要特别小心李鸿章，他是极为机敏的外交家，访欧时制造了很多假象，他想延续他在远东的事业。是他建议欧洲人停止派兵登陆，以免阻碍谈判，幸好欧洲人没听。他说他有权缔约，但欧洲人很怀疑。

当他最近需要去北京议和时，我们以礼遇为名，以保护他的安全为由，为他派去了士兵，但这实际是为监视他。

似乎在法国人眼中，战争并不能把中国人统统消灭，各国之间的利益争端绝非一时就能解决。而中国人的外交策略也多是狡猾拖延与疏通，李鸿章的到来并没有好兆头，因而十分不放心地选择派兵"护送"。而日后发生的事情也印证了李鸿章的不安，俄军与其他军队联手在将李鸿章安全护送至京城之后，借此要挟清廷承认俄国对于中国东北的实际控制权，李鸿章的小算盘最终没打成，含恨在心。

图 2 于 1900 年 7 月 15 日的《小日报》刊发，同样是护送的场景，人物却进行了调换。护送的主角换成了洋人，士兵都成了清兵。云南总督在洋人的威逼下，令下属安排清军士兵护送洋人，以保护他们的人身安全。

来自中国的消息很少而且难辨真伪。但我们了解到德国公使在北京遇害，而德皇公开且郑重的发誓要为此报仇。

我们担心再发生其他屠杀。还有令人不安的是，部分外国人获赦，或许是因为中国军机大臣好心，或许是他们像那位云南总督一样，只想谨慎小心了事。

德尔凯西（M. Delcassé）迫使云南总督以自己的头颅来担保法国领事弗朗索瓦（M. François）的生命安全。

欧洲人在中国军队保护下上路。希望这些中国军人没有接到特别的命令。我们了解中国人的狡诈，只有当这些外国人最终抵达目的地时，我们才能完全放心。

六个骑马的洋人在九个清兵的护送之下前进，中间有清兵开道，两侧各四个清兵持枪保护，外国人仪态威严，挺胸抬头，表情中又透露出几分得意和神气。几个月之前，这些外国人由于受到义和团的威胁，暂且顾着逃命，何尝能骑着高头大马在街

———————— 图2《小日报》1900/7/15 作者收藏

ÉVÉNEMENTS DE CHINE

Les étrangers sous la garde des réguliers chinois

上走来走去。而几个月之后，当洋人浩浩荡荡地开进中国，这些人可以在清军的护送之下穿行于中国的街道，也是造化弄人。而法国人也并不放心清军的护送，他们认为中国人的狡诈无处不在，以至于在安全到达目的地之前，始终不能松懈，谁也不知道下一刻中国人会做出什么让人不安的举动。

一洋一中，两个近乎相同的情景，主人公却体会着两种截然不同的感觉。也许坐在洋车里的李鸿章的心里五味杂陈，如今只能依赖于洋人的保护才能安全地在自己的领土走动，而所作所为也是出卖国家利益来换取清廷的存留，颜面尽失但又十分无奈；而骑马的洋人心中洋溢着胜利者的喜悦，翻身一刻即意味着对这片东方国土的又一次征服。

关于李鸿章外出的场景还在 1895 年 3 月 31 日的《小巴黎人报》"中日战争　李鸿章离京"（图 3）中出现，虽然是中国人护送中国人，但这一次出发仍是为了和洋人和谈。

画面当中的气氛低沉，不知道是刻意为之还是偶然，为李鸿章抬轿子的人低着头，表情十分沮丧，后边的兵士也都是一副低落表情，暗合了此次出发时的悲情颜色。

对此法国人写道：

中日目前正在举行和谈，中国政府责成李鸿章做出如下让步：朝鲜独立、割让台湾、战争赔款、签订商务条约。

李鸿章于 3 月初离京，我们的图展示的是他向皇帝辞行后穿过京城。

李鸿章在大沽上船，带了两名大臣和四十个随从，于几天后他抵达日本西岸。日本首相将迎接他，此外还有日本外相、海军副将，如果谈得顺利，李鸿章将去广岛觐见日本天皇。

李鸿章将要求短暂停火，但不会被接受。他抵达日本时，日军已经在台湾登陆，和谈时战争仍会继续。尚不能够知晓中国的条件是否能够让一心取胜的日本满意。

众人簇拥，即是关注，无论好坏。利益得失面前，不可能希求依靠强者的怜悯来博得对弱者的同情，即使弱者得到了暂时的同情，也要用大于此数倍的损失来偿还。

───── 图 3《小巴黎人报》1895/3/31 作者收藏

La Guerre entre la Chine et le Japon. — Le Vice-Roi Li-Hung-Chang quittant Pékin

同是"凯旋"

凯旋并非都是好事,也并非都是属于胜利者。

风雨飘摇的大清帝国已经禁不住再一番折腾,慈禧对义和团防之用之,又害怕洋人急了跳墙,左右为难之下,两边也都没讨好。眼看洋人的大炮即将轰开北京城门,老佛爷灵机一动,带着两千兵士西逃,让奕䜣等人在北京与洋人周旋。

逃跑的日子狼狈至极,河北怀来县令吴永因为一碗小米绿豆粥、五个熟鸡蛋博得了慈禧的"欢心",从知县直升到候补知府;而县衙的厨师也因为几道家常小菜颇受太后关照,直接进了御膳房,给了六品顶戴。

当然,有人欢喜有人忧,山西天镇县令因为招待慈禧不周而受到上司责骂,干脆喝毒药自尽。但凡慈禧经过之地,当地官员无不穷尽所有,好生招待,一来保住自己的乌纱帽,二来还希求进个一官半职。聪明的山西商人更是在慈禧到来时献尽殷勤,换来了慈禧的大加赞赏,做了一笔超值的买卖。

慈禧落脚西安,丝毫没有落魄逃难的惶恐,反倒到处拿着太后的架子。时值陕西大旱,灾民众多,老佛爷却坚持仍旧每日上百道菜。老佛爷难以忍受西安的夏暑,不惜大动民力到百里外的太白山取冰,人拉肩扛带回来。

终于,李鸿章与洋人签订《辛丑条约》,见没有洋人责怪,慈禧大大方方地收拾行装打点回京。近千人的"回京大军"犹如强盗一般,沿途各地无不被"洗劫一空",当地官员、人民怨声载道。到了河北正定,慈禧登上自己的"专用列车",大摇大摆开赴京城,在马家堡火车站,留京的王公大臣一律跪接,规格之高甚至超过了八国联军进北京城。

《世界画报》1902年2月的一期,刊出了一张慈禧太后、光绪皇帝回銮时的景象。图1的迎驾仪仗可谓十分壮观,官员、兵士无不跪拜俯首,城内还有整齐的骑兵队列。城楼上聚满了看客,龙旗高高飘扬,慈禧的驾辇在众人的簇拥下十分显眼,佣人各司其职,等级森严。好似英雄凯旋的

图1《世界画报》1902/2/15 作者收藏

CHINE : Le retour de l'Empereur et de l'Impératrice douairière, à Pékin (Dessin de M. Tofani)

壮观场面背后，实际是一场慈禧矫揉造作的个人演出。

如果说不平等条约的签署使得慈禧的权力欲得以保留，为此慈禧也甘愿搭上国家的前途与命运，那么对整个国家来说，这等场面无疑是再一次羞辱。一个被人染指、操纵的国度，实际上早已没有炫耀的资本，这样的场面被洋人登在画报上，只能换来欧洲人对于愚昧、腐朽的清廷，以及被清廷控制的国民的讥笑和嘲讽。

相比之下，法国军队的凯旋则没有如此多的规矩，也没有如此严格的等级规制，流露出更多的是喜悦与温情色彩。

1901 年 6 月 23 日，《小日报》表现了法国军队回国停靠土伦的情景。图 2 画面中，一位受伤的法军士兵在众人簇拥之下，正在讲述自己去中国战争的故事，两个小孩听得入迷。在他的后面，另一位士兵似乎在与自己的朋友握手交谈。有的人高扬礼帽，有的人高举手臂，每个人的神情都很放松。

法国人描绘了此时的情景：

由于外国军队不可能永久呆在中国，

联军非常明白他们同这个人数众多的、沉默的民族去抗衡是毫无意义的。只要外国军队一撤离，中国人又会重新开始生活和屠杀，所以联军决定逐步结束战斗。

德国元帅瓦德西第一批离开了中国，这个消息让我们充满了爱国的骄傲，同时也让我们忘掉了过去不愉快的遭遇。

当这个远征军减少到一个营和三四个分队时，我们把一位法国的将军任命为这支远征军的元帅。我们是一个伟大的、令人生畏的民族，由那些坚定的、高举国家旗帜的人领导，法国人应该对此感到满意。

乘坐"尼斯号"的轻骑兵、阿尔及利亚雇佣兵、炮兵从中国返航，顺路在土伦下船，非常高兴在完成祖国交给的任务之后回到祖国的土地上。土伦人以最热情的方式欢迎他们，市民们争着请士兵吃饭，以便讲述他们的经历。

作为法军司令的沃一龙将军，则是在 10 月份才回到自己的国家，《小日报》也对将军回国的情景进行了报道。图 3 中沃一

图 2《小日报》1901/6/23 作者收藏

Le Petit Journal

SUPPLÉMENT ILLUSTRÉ

Le Petit Journal
CHAQUE JOUR 5 CENTIMES
Le Supplément illustré
CHAQUE SEMAINE 5 CENTIMES

Huit pages : CINQ centimes

ABONNEMENTS

	UN VERS	SIX MO
SEINE ET SEINE-ET-OISE	2 fr	3 fr 50
DÉPARTEMENTS	2 fr	4 fr
ÉTRANGER	2.50	5 fr

Douzième année   DIMANCHE 23 JUIN 1901   Numéro 553

RETOUR DE CHINE
Arrivée des rapatriés à Toulon

龙将军与自己的妻子热情相拥,家人的到来让这幅画面充满着亲人相逢时的浓厚亲情。

法国远征军司令官沃一龙刚刚乘坐"大西洋人"号返回法国。他带回了为法国献身的奥尔良·亨利(Henri d' Orl é ans)王子的遗体,将军在马赛受到最热烈的欢迎。当地举行了最正式的仪式,如果共和国总统不是因故无法前往马赛欢迎他的话,仪式将会更加盛大。

最让将军激动的是,他的夫人和孩子为了遵守庆典的程序,没有乘坐代表政府前来向他祝贺的比安艾梅海军元帅(M. le maréchal Bienaim é)的船,所以不得不在码头上焦急等待。那么长时间以来他们那么焦虑地盼着他回来,最后他们终于团聚了,这是一个非常幸福的时刻。这时将军已经忘了他的荣誉,而去品尝幸福。

玛尔尚上校在 1896 年率领法国军队从法属刚果向东推进,1898 年 7 月到达苏丹的法绍达村。在 1898 年 9 月,英军也从苏丹东部到达法绍达村,两军由此展开对峙。英法双方互不相让,最后玛尔尚上校请示巴黎之后,终于与英国达成妥协。双方为了与德国抗衡,同意以尼罗河和刚果河为界,英国占领苏丹东部和尼罗河流域,法国占领苏丹西部。玛尔尚上校因此一夜成名,成为法国的英雄。

在"法绍达事件"之后,他参与了 1900 年中国的战争,同样受法国社会好评,因而他的回国之旅也获得了人民的关注。似乎他并不急于回国,还有自己的打算,后页的图 4 如此报道:

陆军上校玛尔尚,就是我们谈论的"法绍达事件"中的那个英雄,已经从他在中国的使命中抽身,迈向了伟大的荣誉之路。

不仅我们的同胞说了关于他的这些事迹,他还在同盟军军队中广受好评。在好几次十分严重的情况下,他表现出了可贵的勇气决心和集体精神。任何熟悉他的人,自然会对他有高度评价并且喜欢他。

但他并没有选择在最短的时间内直接回到法国。

人们知道这正直的军人有多么厌恶人们对他的欢呼,但另一方面,他仍会在法国选举时,成为最被珍惜的人。

━━━━━ 图 3《小日报》1901/10/13 作者收藏

Le Petit Journal

SUPPLÉMENT ILLUSTRÉ

Le Petit Journal
CHAQUE JOUR 5 CENTIMES
Le Supplément illustré
CHAQUE SEMAINE 5 CENTIMES

Huit pages : CINQ centimes

ABONNEMENTS

Douzième année

DIMANCHE 13 OCTOBRE 1901

Numéro 569

RETOUR DE CHINE
Arrivée du général Voyron à Marseille

延长行程这个想法可能是他自己的决定，也可能是别人建议他这么做的。

对那些连自己的影子都会害怕的人，这位伟大爱国者的影子会令他们吓死。

尽管如此，玛尔尚上校已经表现出从北亚返回的愿望。

他一向人们告知此消息，俄国沙皇就提出了备受认同、充满荣誉感的接待他的方案。

一列皇帝的火车供他使用来穿越西伯利亚，还有一支俄罗斯护卫队来保障他的旅行安全。

同样是凯旋，慈禧是"失败者的凯旋"，而法国人则是"战胜者的凯旋"。慈禧的轿子虽然穿过了"凯旋城门"，但多数人的情绪都是五味杂陈；法国军队虽没通过凯旋门，心中却满是胜利的喜悦。

战争——即意味着离别、重逢、生死，也必在交锋当中分出胜负得失。不管是违心的"作秀"，还是发自肺腑、心甘情愿，要的其实都是一股气：胜者渲染与彰显，以图发展与壮大；败者硬撑着，以图延续与更生。

图 4《小日报》1902/3/9 作者收藏

Le Petit Journal

SUPPLÉMENT ILLUSTRÉ

Le Petit Journal
CHAQUE JOUR 5 CENTIMES
Le Supplément illustré
CHAQUE SEMAINE 5 CENTIMES

ABONNEMENTS

SEINE ET SEINE-ET-OISE   2 fr.   3 fr. 50
DÉPARTEMENTS   2 fr.   4 fr.
ÉTRANGER   2.50   5 fr.

Huit pages : CINQ centimes

Treizième année   DIMANCHE 9 MARS 1902   Numéro 590

RETOUR DU COLONEL MARCHAND

灾难场景

一场灾难背后，呈现的方式有很多，主题也会不尽相同。根据事件、围绕物与人都可以进行展开，从而来表现灾难背后的诸多情景。有时在慌乱的场景背后，透露出的道理和意义却异常冷静和深刻。

《小日报》于1906年刊发了一张图像，图1描绘的是香港台风时的一个小场景。

1906年9月18日，一股强大的台风登陆香港，是香港有气象记录以来造成人员财产损失较为严重的一次。

珠江三角洲发生了真正的灾难，破坏了香港岛和港口。同1874年破坏该地区同样级别的台风在两个小时内经过香港，吹倒房屋，造成沉船，把港内的船只破坏了一半。

在珠江三角洲和香港湾有几千只舢舨，很多人以这种小船为家，在船上生活一辈子。

谁也不可能搞清楚舢舨的数量，但估计仅在珠江上过这种水上生活的人超过二百万。这些人以打鱼、摆渡为生，有时也打劫。台风造成的损害无法准确计算，但肯定是巨大的。相信至少有五千人死于这场台风。

图像并未将关注的笔触集中到被台风袭击后的城市景观，而将视角集中在与台风抗争的普通渔民身上。画面上出现了四艘船只，都在海浪的裹胁下受到严重冲击，最后两艘船只显然快沉入海底，渔民落入海中；画面左侧的那艘船只正在迅速划动企图尽快靠港，但也显得势单力薄。

对于主体画面的描绘，作者可谓费尽心思：船上的妇女怀中紧紧搂住两个正在啼哭的孩童，前面的男子用力掌舵，使得船只能够向正确的航行方向快速行进。还有一个人紧紧抓住缆绳，身体紧贴桅杆，以免像画面右侧那位男子一样虽然奋力抓住船旁的栏杆，依然落入水中，随时面对葬身大海的险况。

面对即将到来的死亡，人都有出于本能的"求生意识"，而画面也在强调展现

图1《小日报》1906/10/7 作者收藏

LE TYPHON DE HONG-KONG

Naufrage de sampans chinois sur la rivière de Canton

灾难发生时最真实的求生状态。整个画面传递出来的感觉鲜活而生动，保持了每个人物的真实状态，正在翻滚的海浪、被风吹破的草棚都十分生动，每个人的表情与动作犹如影像记录般细腻。

由于天气的极端变化，粮食作物收成锐减。1907年，江苏、安徽、河南等地发生了一场持续时间极长的严重饥荒，为五十年来所罕见。作为中国的粮食出产及人口大省，灾情的破坏力巨大并迅速蔓延，波及数百万人的生命安危。伴随饥荒的发生，也造成了不少潜在风险，一贫如洗的饥民为了获得一点粮食，不惜以武力来威胁与对抗清廷，因为粮食争夺而起的骚乱愈演愈烈，但这并不能减缓每天几千人因饥饿致死的速度。

清廷显然无法单独应付眼前的灾荒，他们一方面求助于洋人，希望通过帮助缓解粮食紧缺的局面；一方面免收赋税，在为农民减缓压力的同时也力图维持社会稳定。各地官员虽奔赴灾区指导救灾，却起不到任何作用，政府的救灾努力终以失败而告终。

图2画面中，一位地方官员在随从的陪护下前往灾区调查情况，灾民瘦得皮包骨头，与大臣丰腴的体态形成鲜明对照。有的人已经奄奄一息，只留有最后一口气，有的灾民见到大臣视察，掩饰不住内心的愤怒，企图与官员争论和反抗。但大臣仍旧是一副满不在乎的态度，似乎此情此景和自己并不相关：

当前中国某些地区饥荒肆虐。大雪导致无法播种，冻饿而死的人不断增加，老百姓特别是孩子，正在经历着巨大的苦难。官员被派到各个灾区进行救援，有些官员不得不面对饥民的愤怒情绪，外国人所建立的救济机构宣布中国人所进行的救灾组织失败，中国的官僚机构效率又低又复杂。

而地方官员对灾情视若无睹，不可原谅，他们明知上一年已经欠收，还干等到饥荒爆发时才明白要采取措施。中国的形式主义一成不变，甚至在老百姓生命受威胁的情况下也是如此。

面对自然灾害，法国人也对于清廷救灾的懈怠态度恨之入骨，显然他们也无法接受清廷如此毫无人性的行为。1907年3月23日的法国《插图报》有如此描述：

——— 图2《小日报》1907/3/3 作者收藏

LA FAMINE EN CHINE

田地绝收，百姓危殆，一千万人可能饿死。政府的麻木不仁和百姓的听天由命，使饥荒更加严重，有官员说："在那么多人中，这点死人算什么！"

中国政府掌控的资源有限，因而在如此严重的灾荒面前束手无策。很多人卖掉了猪、驴，甚至是狗，吃了最后一粒粮食，无奈只好等死。有人还卖孩子。

一群群饥民涌向城市，在南京、青江浦、扬州、湖州等大城市周围形成了集中营一样的饥民群，估计有八十万人。

欧洲领事和侨民发出警报，建立了委员会，组织南京巡抚等官员和中国富商、外国绅士进行救灾。美国和英国受到触动，捐款开始寄到上海，从那里再发出食物、衣服、药品等救灾物资。

在当地，有专人负责分发物资。虽然让一个饥民活下来每天只需要一分钱法郎，但这里有一千万饥民。

1921年，河北、陕西、山西、河南等地再次爆发饥荒，图3是《小日报》封面配图，并在内页刊发长文分析中国此次的饥荒灾情的成因：

战争是饥荒的重要原因，因为战争不仅破坏生产还浪费大量粮食。所以大部分战争之后都会发生饥荒，中国就是如此。尽管中国在战争中没发挥什么作用，但世界的巨大变化冲击了中国的经济，同时中国的社会不稳和政治动荡也影响了生产。再加上连年欠收，运输系统效率低下，所有的这一切都造成了中国目前悲剧的局面，中国人正在遭遇饥荒。

法国人的分析不无道理。一场大的自然灾难背后通常是由于长期生产不稳定、背离自然规律的生产与发展等弊病，而这些弊病也在逐步累积的过程中渐成隐患，加之人们对于这些征兆不加关注，任其自由发展，到最后完全失控，无法挽救。

而在灾害面前，中国人显示出的状态也令人担忧，在一个法国记者的采访中，中国人透露出极度的无奈，丝毫没有挣扎的情绪，似乎早已将生死"置之度外"。而随饥荒而来的疫情更是雪上加霜，让整个灾区笼罩在一片死亡与沉寂之中。

中国可能是近年来世界上发生饥荒

━━━━━━ 图3《小日报》1921/4/10 作者收藏

12 Pages   12 Pages

Le Petit Journal
illustré

HEBDOMADAIRE
61, rue Lafayette, Paris

PRIX : 0 fr. 30
10 Avril 1921

La Famine en Chine

Dans certaines contrées de l'immense empire, la sécheresse prolongée a réduit la population à une affreuse misère. La disette d'aliments et le typhus ont déjà fait plus de 50.000 victimes.

最多的国家，普鲁东（Pierre-Joseph Proudhon）说中国有史以来饥荒的作用就是"扫除穷人"，这次也一样。

《时代报》的记者报道在很多省份，居民成百上千地死去，收成很差。米和小米都不够吃，人们各尽所能逃离灾区，留下的人不得不以草根、干叶子、草和各种各样的东西充饥。老百姓不得不卖儿卖女，霍乱等疾病已经出现，有的全家绝望自杀。更令这位记者感到吃惊的是，有些人面对灾难听天由命，"看不到一点儿反抗的情绪，看不到一点儿混乱的场面"，这对于一个欧洲人来说是一件惊呆的事情，灾民已经没有任何食物，他们只有一条路：死去，这是所有中国人的心理。

记者同一个几乎典当了自己所有衣服的人交谈道："钱花完了怎么办？"

那个人听后苦笑了一下，好像记者问了一个可笑的问题。回答道："还能做什么，去死呗！"

"难道没有别的办法吗？"记者问。

那个人苦笑："能有什么办法！没有食物，也没有钱买食物，没有地方可去，所以只能等着，该怎样就怎样。"

记者还说到，有些地区已经出现了鼠疫，饥荒和鼠疫永远是相伴相随的。

当然了，西方国家严密的卫生系统能够防范这些传染病的扩散，我们还都记得 1911 年在满洲发生的鼠疫，它也是在饥荒之后爆发的。尽管欧洲国家采取了措施，但还是发生了几例，由病菌越海造成。我们西方国家应该采取中国政府所没有采取的措施，以控制饥荒所产生的灾难，消灭传染源。世界上任何地方出现的传染病灶都是对全世界的威胁。

灾难景观的呈现背后，实际上也是一种国家心理、国民心态的窥探。在这些图像中，我们体察到当时中国人在灾难面前的羸弱态度，而这与当时清廷的破败与溃退不无关联。灾难来袭时，每个人都难免惶恐失措，渺小的个体在自然的狂怒面前不值一提。然而伴随灾难，如何举力应对未知，如何调整心态，保留生存的底限，才是对一个国家的真正大考。

暗哑的余音

时间步入二十世纪二十年代，《小日报》已经进入了它的暮年，不管是从报纸的写作、报道水平还是图像制作及印刷上来看，相较于二十世纪初期都有了很大的变化。虽然报头改版，显得更为活泼；报纸的开张相应变小，迎合了当时的潮流与趋势，但总体上还是乏善可陈。在这十年间，对于中国的报道不过寥寥数篇。

图1这张便是其中关于中国的报道之一，意为"发生在中国城市的抢劫活动"。

在中国由于多年的政治斗争、内战，形势不稳的局面最近再次出现。

Kin-Tche-Houan 和 Chan-shi（年代久远，此音译之地名无法查证）两个城市遭到六百名武装歹徒袭击。

Chan-shi 损失尤其严重，海关仓库被劫，大部分房屋烧毁，女人被劫持，一名英国牧师和妻子被劫持后，在山间小路上逃脱。

一些中国女孩躲在河边一条船上，但开船时由于超载船沉没了，她们全部溺亡。Kin-Tche-Houan 城全部被烧毁。

相较于之前《小日报》当中对于类似事件的一些报道，这张图像当中透露出来的信息并不是十分明确。混乱的画面之下最能让观者感受的是当时气氛的紧张和惨烈，但在一时间却难以"分清敌友"，两种人物形象难以鲜明区分，以至于造成错觉。这着实需要下一番功夫，通过画面细节进行猜测和判断。

街市上的场景可以分为几块来进行解读，两个骑马的强盗占据了画面的制高点，而从他们的装束当中也可以判断出强盗的基本特征。两匹马自然形成半包围，中间一个持枪的强盗正在命令两个妇女向规定的方向行走。画面最前端主要由三个画面组成，呈梯级排列。

最前端的画面两个强盗押着一个女人向前走，女人的衣服在厮打过程中已经很是凌乱，右臂上扬弯曲企图遮住面部，两个强盗的目光都集中在这个人的身上；而这三个人身后的场景则刻画得更为生动，一个女人被强盗直接抱起，女人奋力反抗，右手使劲推搡强盗的面部，准备击打的左手

──── 图1《小日报》1925/4/19 *作者收藏*

PARAISSANT
LE DIMANCHE
36e Année - N° 1791
On s'abonne dans tous
les bureaux de poste
Les Manuscrits ne sont
pas rendus

LE PETIT JOURNAL
ILLUSTRÉ

ABONNEMENTS
Trois mois Six mois Un an
FRANCE & COLONIES
4 fr.   7 fr. 50   14 fr.
UNION POSTALE
6 fr. 12 fr. 22 fr.

PILLAGE D'UNE VILLE CHINOISE PAR DES BRIGANDS

被后方的一个同伙牢牢控制住。而在强盗后面有一个小孩似在奔跑，寻找他的妈妈，神情急切而渴望；在他们身后一个强盗正在拖着一头活猪，旁边一个正处在哺乳期的女人和她的孩子也被强盗所控制。

而在这场景的背后，混乱仍在继续，有正被扶持，掩面而泣的老妪，有用马匹托载货物贪婪的强盗，也有歹徒被激怒挥刀而起滥杀无辜，全城民众都在承受这场劫难所带来的阵痛。

破除以往我们对于这份报纸的认知，往往在画面中出现的西方人"高大、正直"的正面形象早已不在。伴随清廷覆灭，一个新的统治者登上历史舞台，西方人的视角也随之发生转变，摇身一变成了旁观者，看着各地新发生的事件。

如同经历了"一战"洗礼的法国，在无数的血腥和暴力场面中认识到了战争、动乱对于世界所犯下的苦果，万里之外的中国，在动荡的时局中经历着艰难的社会转型，累积着一股巨大的力量。而这些曾经一度与历史并存的负面形象，虽显得微小而不光彩，但也成为一种记忆。

差异与交融

Chapter IV

中西之间——既有区别，亦趋融合。

西风渐起，近代中国也在浸染中走出国门，面向世界，让世界领略到这个古老国度许多未被人知晓的神奇与伟大。

中西之间的相遇，并非一帆风顺。因孤立和封闭导致的落后，让这场中西交流变得被动而迫切，双方在认知上的差距绝非一时就能弥补。如此背景之下，也就有了那么多不期而遇的惶恐、伸张正义的愤懑以及一些似像非像、啼笑皆非的描摹。

重新回溯起点，这种感觉会更加深刻。

合理夸张

人为的历史重现，必然会有不符原状的成分，所以才有进行研究与修正的必要。而人们对于有些事件的重现，超出了我们对于历史加工程度的界限，禁史、野史、神话传说等带着神秘色彩的故事得以产生。历史与幻想结合，虽少了严肃与敬畏的态度，容易引起观者的误解与质疑，但却在一定程度上丰富了公众视野，为观者提供多种了解事件的渠道。百年前的《小日报》上就做过这样的尝试，用适度的夸张效果来提升事件的传播效果。

1911 年初，正值中国东北鼠疫猖獗。《小日报》连续两期刊发关于中国鼠疫的图像，分别为图 1 "逃避瘟疫的民众在长城边被军队堵截"、图 2 "满洲鼠疫"，可见他们对于此事的关注程度。

目前的这场鼠疫给满洲居民带来了一场残酷的战争。我们曾经在《真理》（*Variété*）上综述过远东近期的一些流行病。目前正在肆虐的鼠疫正是其中最难以遏制的传染病之一。

我们认为这场瘟疫在北满洲导致每天大约有一千人死亡，如果二十二名医生的努力能够成功遏止疾病在哈尔滨的蔓延，那么中国的这个城市——傅家甸将不再是死亡之城了。由于不断有人死亡，当地居民已经丧失了抗争和抵御疾病的一切斗志，他们淡然地等待命运降临。

许多路都被焚烧，因为他们认为焚烧整座城市，以达到切断病源的目的是有必要的。在那些还没有被摧毁的房子里，居民们因为担心被发现并带到隔离区，便将死者藏匿起来；隔离区即意味着必死无疑。每天早上，道路上尸体满地，那都是前夜被扔出来的。

病人的爆发性咳血是非常可怕的。需要说明的是很多情况下病人们会在医生检查时爆发，他们跟跟跄跄地走在队伍里，突然发作，甚至在医生到达之前就死去了。

自第一场灾难爆发以来，中国劳苦大众便感到莫大的恐惧。他们从沈阳逃

图 1《小日报》1911/2/12 作者收藏

Le Petit Journal

ADMINISTRATION	**5** CENT.	SUPPLÉMENT ILLUSTRÉ	**5** CENT.	ABONNEMENTS

61, RUE LAFAYETTE, 61
Les manuscrits ne sont pas rendus

22me Année — Numéro 1.056

On s'abonne sans frais
dans tous les bureaux de poste

SEINE et SEINE-ET-OISE .. 2 fr. 3 fr. 50
DÉPARTEMENTS .... 2 fr. 4 fr. »
ÉTRANGER .... 2 50 6 fr. »

DIMANCHE 12 FÉVRIER 1911

LA PESTE EN MANDCHOURIE

Les populations, fuyant devant le fléau, sont arrêtées par les troupes chinoises
aux abords de la Grande Muraille

离，直至南满；但是中国政府禁止他们越过长城。于是在禁止通行的防御警戒线前，一切的灾难和冲突上演了，这里于是也就成了非公开的、令人痛心的战场。

十四世纪亚、欧等地爆发过一次重大的鼠疫，欧洲是当时疫情最惨重的地区，三成的人口都死于这场鼠疫。此后的十七、十八世纪，在意大利、英国、奥地利、法国、俄国等地都爆发过小范围的疫情，对于欧洲社会结构和其对于少数族裔的看法产生影响。正所谓"一朝被蛇咬，十年怕井绳"，尝到过鼠疫威力的法国人在见到中国东北爆发鼠疫的通报时如此心惊胆战，也是再正常不过。

其实东北的鼠疫在 1910 年夏就开始爆发。当时去中俄边境打工的中国人因为其中有些人患瘟疫死亡，被俄国人赶出国境。当时正值中东铁路修建，人手紧张人员又密集，很快就造成疫情的广泛传播。哈尔滨傅家甸成为疫情的首个集中爆发地，随后东北各城市出现鼠疫扩散，北京、天津、上海等关内城市也有病例报告。

日、俄借口清政府无力控制疫情，准备接手东三省的疫情防治，显而易见，一场卫生防疫事件会变成列强分割中国管辖权的政治闹剧。情况万分紧急，一个叫做伍连德的医生成为控制这场疫情的关键人物。他临危受命担任总医官，于 1910 年 12 月亲赴哈尔滨指导防疫工作。为了防止疫情继续蔓延，他将傅家甸分成四区，并安排医疗人员对人员逐个进行病例筛查，制订相应的医疗应急措施，设立医院并按病情等级进行治疗，及时火化患者遗体，这算是中国第一次认识"公共卫生"。四个月之后，也就是 1911 年 3 月，东北鼠疫疫情得到有效控制。

图 2 的画面上，一个骷髅头的怪物正在挥舞手中的镰刀，朝着四散奔跑的人群中砍去。背后是熊熊燃烧的烈火和漫天遍野的尸体，整个画面的气氛惨烈、凄厉，甚至还带着一丝恐怖。1911 年 2 月 19 日，已经到了疫情的攻坚阶段，这时刊发这个封面，足见当时疫情蔓延的惨烈程度。瘟疫面前，生命就像玩物，被无情地捉弄与践踏，它是笼罩在人类头上的一个无形恶魔。潜藏在欧洲人心底的忌惮情绪，需要不断重复疫病不会影响欧洲来慢慢消除：

鼠疫继续肆虐远东，一些地区已无人烟。为防止传染，其他人把受感染的

──────── 图 2《小日报》1911/2/19 作者收藏

Le Petit Journal

ADMINISTRATION
61, RUE LAFAYETTE, 61
Les manuscrits ne sont pas rendus

On s'abonne sans frais
dans tous les bureaux de poste

5 CENT. SUPPLÉMENT ILLUSTRÉ **5 CENT.**

22me Année — Numéro 1.057

DIMANCHE 19 FÉVRIER 1911

ABONNEMENTS

	SIX MOIS	UN AN
SEINE et SEINE-ET-OISE	2 fr.	3 fr. 50
DÉPARTEMENTS	2 fr.	4 fr. »
ÉTRANGER	2 50	5 fr. »

LA PESTE EN MANDCHOURIE

城市和村庄烧掉。

有个问题是：我们是否要担心鼠疫传到欧洲？专家们认为不必担心。鼠疫在欧洲已经绝迹两个世纪。1720 年在法国马赛爆发了最后一次大范围鼠疫。此后只是在十八和十九世纪初土耳其和巴尔干国家发生鼠疫时，西欧才零星的发现了几例。

1898 年欧洲发现两例，同时出现在泰晤士河和维也纳，分别造成两名水手和三人死亡。两个疫源均被隔离，疫情没有扩散。这两例疫情很有代表性，应该能让大家放心。

另外，隔离措施还不足以应付。巴斯德研究院院长鲁教授（M. le docteur Roux）认为：鼠疫同其他传染病一样，需要以科学组织的防疫手段来应对，我们会在传染到之前就建立起屏障来战胜它。

中国鼠疫是肺炎型的，传播更快，死亡率更高。它需要特殊环境传播，满洲严酷的天气方便鼠疫的扩散。科学的防疫措施加上我们这里温和的气候，鼠疫难以在我们这里扩散，所以不用担心。

图 3 是一张 1908 年 11 月 29 日刊出的《小日报》图像，描述的是光绪、慈禧驾崩后停枢于长寿殿的景象。十六柱青烟袅袅上升，光绪、慈禧的遗体斜卧在高台之上，慈禧的面容已显枯老，骨架突出，而光绪的面容较为松弛。旁边四个手持大刀的兵士看护遗体，六个大臣中两个下跪两个躬身一个瞧热闹一个低头，想必也是各有所思。左边兵士手中拿的盾牌很是喜感，威武地笑着，不是"啸着"。

11 月 14 日，光绪帝逝世；11 月 15 日，慈禧逝世，这两个人在不到二十四小时内相继逝世，堪称清末的一大谜案，对此问题的解读和猜想浩如烟海。

在《小日报》的报道中说：

中国相继失去了他们的傀儡皇帝光绪和他的姨母慈禧太后。后者正是实权的掌握者。

皇帝卒年三十六岁；太后卒年七十四岁。

前者仅仅是占据着皇座而已；而在事实上，是后者独揽中国的大权。

慈禧太后是塔塔尔族将军的女儿。

慈禧八岁时进京，当时的皇太后喜

—————— 图 3《小日报》1908/11/29 作者收藏

Le Petit Journal

Le Petit Journal
CHAQUE JOUR — 6 PAGES — 5 CENTIMES

Administration : 61, rue Lafayette

Les manuscrits ne sont pas rendus

5 CENTIMES **SUPPLÉMENT ILLUSTRÉ** **5** CENTIMES

Le Petit Journal agricole, 5 cent. ⁓ La Mode du Petit Journal, 10 cent.
Le Petit Journal illustré de la Jeunesse, 10 cent.

On s'abonne sans frais dans tous les bureaux de poste

ABONNEMENTS

	SIX MOIS	UN AN
SEINE et SEINE-ET-OISE	2 fr.	3 fr. 50
DÉPARTEMENTS	2 fr.	4 fr. »
ÉTRANGER	2 50	5 fr. »

Dix-neuvième Année   **DIMANCHE 29 NOVEMBRE 1908**   Numéro 941

LA MORT DES SOUVERAINS CHINOIS

Les corps de l'impératrice Tseu-Si et de l'empereur Kouang-Siu exposés dans le pavillon de la Longévité impériale

欢她漂亮、聪慧，册封为咸丰皇帝的妃子。

作为咸丰皇帝的妃子，慈禧有着罕见的能力与无法控制的欲望，并且一步步晋升到皇后。她成为了"西太后"，这得名于她的宫殿的地理位置。相对于东太后的宫殿，慈禧的宫殿位于皇宫的西边（西宫）。

她为咸丰生了一个儿子，在咸丰死后继位。

她的儿子，同治皇帝在 1875 年去世，时年十九岁。他的继位者是光绪皇帝，当时只有三岁。慈禧太后宣布掌权，实际上她已经暗中行使权力多年。自此以后她掌管皇家事务，甚至在光绪皇帝成年后也如此。在各种各样的状况下，她显示出政治上的灵敏，在一些重大失利后她知道如何保住权力，特别是当她将东京（越南北部一地区的旧称）出让给法国，接着是和日本的战争失败，在 1900 年义和团运动时，整个欧洲都反对她。

光绪皇帝和慈禧太后的遗体被运到长寿殿里。在服丧的一百天时间里，皇帝的遗体在此停柩。

这期间，社会生活中断。不许结婚、庆祝；民众禁止穿戴颜色鲜艳的衣物。不准任何人理发。因此，剃头匠没了生意，在此期间接受国家的补贴。

作者除了对慈禧、光绪的生平进行整理与描述之外，还发表了自己对于慈禧的看法。虽然在光绪卒年上存在些许谬误，但整体来看已很全面，特别是对于慈禧有较为中肯的评价。这两个人的逝世，基本上宣告了一个时代的结束，对于此时的中国来说，正在孕育的新力量得以快速生长，中国的历史悄然发生着变化。而对于西方各国来说，这没准是一个转折，伴随一个喜掌权势的统治者的去世，清廷与各国的关系是否会发生变化，定是他们考虑和担忧的。

绘事者本人的创作意图已无从考证，或许这其中有旁观者的引述，或是其他资料进行佐证，但从这些直观的视觉图像中可以明显看到夸张的痕迹，这里边融入了他对这件事的态度和想法。

通过这些图像的展示，可以丰富我们的认知。基本场景的呈现与艺术夸张的表现手法，只有相互匹配，达到最恰当的时候才可称之为"合理夸张"，一旦形成合理夸张，历史的触感会更为真实，它行进的节

奏能够清晰听到，那种急迫感和现场感会
移至眼前。

无意的事故

凡是印刷，都免不了失误，技术生疏的工人在进行版画印刷时很可能错印、漏印、重影，这顶多算是"错版"。而在《小日报》当中，艺术家在绘图中出现了明显的谬误，这比"错版"来得更"难得"了。

前方虽然打得热闹，后方其实并不知晓关于中国的细节，历史事件中，多少都会有这样几笔"事故"。尤其在交流沟通并不完全畅通的上世纪，人们获知信息的通道太过狭窄，对于中国的了解，只能依靠数量极为有限的出版物。

图1背后的文字描述是一伙中国人对于一个法国人家的劫掠，可当人们的视线转移到画面上时，艺术家勾勒的人物形象显然是日本人。不仅仅是发型，衣着装束上都透露出浓浓的日本味道。

中国人胆子大得没边儿，我们必须对他们强力镇压。

最近，一中国人闯入了一个海关稽查员的家。尽管这个稽查员奋力反抗，但是最终还是被杀，中国人挟持了他的妻子和他六岁的女儿并逃走。

我们希望这次能抓住这个罪犯，中国能够严格执法。目前中国正经历着一场严重的危机，因此他们不希望惹来一场新的麻烦。

绘事者在绘制的时候并没有当时事件发生的现场图像，因而也就需要"主观复制场景"，但他又不知道中国人究竟是何模样，所以很可能通过一些资料上日本人的形象来借以表现中国人。

绘事者在无意之间制造了一场"事故"，把劫掠的罪过都嫁祸给"无辜的日本人"。不过有一点很鲜明，就是这个人肯定知道中国和日本的关系十分密切，可能也就仅此而已。而对于一份经常报道中国事件的西方报纸，况且在刊印之前已经有很多中国人形象出现，这其中的微妙关系，到如今也着实很难体会到。

艺术创作当中，借鉴很重要，它是沟通艺术创作"源"与"流"的最重要的方式，没有一个人可以凭空制造出来一种表现方法，都是在借鉴前人的基础上进行"再创

—— 图1《小日报》1894/9/17 作者收藏

Assassinat par les Chinois d'un contrôleur des douanes françaises

作"。有句话说得好："上梁不正下梁歪"，这个法国人凭着数量极其可怜的对于中国人的知晓"生生制造"出这样的场景，让人实在啼笑皆非。法国人对中国的了解程度由此也可窥见一斑。

中国人看着啼笑皆非，日本人看着会怎样呢？多半是深感遗憾，无奈之中夹杂着对于这"事故"的愤懑。

图2描绘的是法国公使施阿兰受到中国皇帝接见的场景。

乾隆五十七年（1792），马噶尔尼（George Macartney）率英国使团前往中国，可在觐见乾隆帝的礼仪问题上，双方产生严重的分歧。中方认为马噶尔尼一行人应对乾隆行"三跪九叩礼"，而马噶尔尼认为这十分不妥，执意执行"单膝跪地礼"。乾隆对此感到十分气愤，甚至有驱逐英方一行人的意愿。最终经过双方妥协，决定在八月初六的礼节性宴会上，英国使节行英国式礼，而在乾隆万寿典礼上则行"三跪九叩"。据称马噶尔尼事前犹豫不决，但真当万寿典礼时"硬着头皮也就跪了"。

康乾盛世，国力强大，欧陆诸国也自愧弗如。乾隆要求外国人行叩拜礼，无可厚非，体现的是自己作为皇帝无上的权力意志和尊贵地位。但当皇帝变成了光绪，国门大开，再要求外国人行叩拜礼便是"不识好歹"。由此可见，国力式微，在外交上也就没有了说硬话的勇气，即使是掌握真理、"在道义上"，这也令人无动于衷。总体而观，皇帝会见洋人还是罕见的事情，甚至连法国人自己都这么认为：

对于那些了解远东的人来说，在北京发生这样的事不同寻常，中国皇帝在皇宫正式接见了欧洲使节，特别是法国公使。

我们没参加会见，所以引述瑞典和挪威代办在上海一份报纸上的描述。会见的时机选在慈禧六十大寿时，向皇帝和太后表示祝贺。最让使节们吃惊的是，一进紫禁城，就发现里面很干净，和他们以前看过的中国城市景象完全不同，紫禁城里有很多休闲、娱乐的地方。

抵达宫殿后，在太监和官员簇拥下，使节们来到一座漂亮的亭子喝饮料。随后他们又被领到距宫殿大约五十米的另一座亭子，等待皇帝一一召见。这是正式会见，时间不长，会见在皇

图2《小日报》1895/1/20 作者收藏

M. Gérard, ambassadeur de France, reçu par l'empereur de Chine

帝平时开筵席的宫殿进行,里面空空荡荡没有家具。皇帝坐在龙椅上,跷着腿,周围是亲王和官员,皇帝面前放了张小桌,上面盖着黄绫,遮住了他的下半身。在使节们进出时,皇帝不起身,也许下次他要起身了。

使节们在距离皇帝三米远的地方。在会见过程中恭亲王和庆亲王轮流主持和翻译。皇帝只讲满语。

瑞典使节很认真地观察皇帝,他有一张聪明、友善的脸,身体显得很瘦弱,他额头饱满,漂亮的眼睛会说话,皮肤也很细腻。尽管近看他像一个十六七岁的孩子,谈吐也是,但是他在贵族官员中显得很有权威。

皇帝不同使节闲谈,完全按照事先确定的形式和程序说话。

画面上最大的问题就在于不合礼制,尤其是光绪皇帝的穿着打扮,实在是太过寒酸。而将视角转移到光绪皇帝周边的这几位,从穿着打扮到体态姿势,精神抖擞利落,光绪皇帝虽是坐着,体态却很拘谨,而且画面上皇帝与臣子的站位也有问题。

再看那位法国公使,衣着华丽,披金挂银,身材高挑,从画面上看几乎与坐在高台上的光绪帝处于同一个水平线上。以往的宫廷绘画之中,皇帝向来是画面中最高大的人,而他身边的臣子不管现实身高有多少,总会在画面中显得矮小,严谨,以示对皇帝的敬畏与尊重。但这仅仅出现于中国人的艺术中,法国人是顾不得这些的。

光绪帝虽是"众人皆醉我独醒"地处在一群人的站立和包围之中,但那时的他已没有了占据主动的权力,法国公使只需鞠躬,光绪帝也只好忍气吞声。法国人甚至觉得下次会见的时候,法国人可以与光绪皇帝"平起平坐"了。不妨将这场觐见看成一场"围剿",皇帝显然受制于诸多规定,没有自己的声音,在整个会见当中不表露自己的情绪,照章办事而已。

《点石斋画报》当中也有对这件事的记录,称为"西使觐光",其中写道:"十月初十为我皇太后六旬万寿,普天率土既共申庆祝之情,而各国驻京公使亦以睦谊既成,不可不稍伸忱悃,爰定十五日觐见皇上,呈递贺书……皇上御文华殿正中端坐,后悬黄縠龙凤绣幔,为皇太后龙座所在。堂廉之内肃静无哗,各公使递书毕,口操西语敬致颂词,翻译官转达恭邸代奏圣听。皇上龙颜甚霁,和气迎人,各公使仰睹盛容,无不肃然起敬,礼成告退。咸感我皇上优待之恩，欢欣鼓舞，称颂不置。
懿欤休哉，诚盛典也！"中西对比之下，
真实情况也可以猜出几分。

诸如此类的谬误在画报当中还有不少，可
以把这种现象看作是对中国的不了解，抑
或是受制于信息了解通道的局限，在无意
之间闹出的"笑话"。如果将思考放在当
时的环境中，这样的"事故"也挺正常，
曾经在中国强大的时候，只拿自己当回
事，忽视外国人的存在；如今欧洲人强大
起来了，他们又有什么义务必须来认识一
个已被征服的国家。

滑稽的
"西衣东穿"

近代中国，一直处于纠结思变的过程之中。面对"西学"不断传入，国人开始破除思想当中的蒙蔽，寻找符合东方人思想的"中用"。

"西学东渐"——从明末延伸到清末，始终影响国人的一场思想变革，在它将近终点的时刻终于唤醒了这个迟钝和保守的国家。西学东渐的表现方式有很多，《小日报》里也有表现中国"西化"场景的画报。但在《小日报》的场景之中，这样的关于中国服饰的探讨显得冗长无味，甚至显得有些荒唐。

"关于在中国推行欧式服装的讨论"，出版于1912年9月15日。从画面中可以看出一个身穿整套西装的中国男人左右手分持两顶礼帽，在向观众介绍礼帽的基本知识。男人的旁边站着两个表情拘谨的"模特"，女模特头戴典型的欧洲女人花帽，男模头戴高筒礼帽。这两位模特的服饰是地道的中国特色、花布衫、粗布裤子、大褂、布鞋。

这样一场讨论引来的关注是全方位的。从画面上看出，这其中不少人已是西装革履，姿态优雅得体。右侧有个探出头来的戴着头巾的百姓，表情好奇，画面得以活跃起来。

画面左下角的桌台前，摆放着一堆应用于不同场合的礼帽，一件绿黑相间的西服。在桌子上还有帽架，一顶圆顶礼帽被放在上面；而桌沿边还靠着把直角枴杖。地板上放着西式的丝巾、衣服领子等物件，一顶放在地上的官帽颇为显眼。

议员到处都一样，他们忽略国家的重大问题，花时间讨论他们关心或喜欢的议题。

中国议员特别关心欧式服装的讨论。他们以极其认真的态度讨论服装问题，虽然有很多紧急、重大的问题要他们关心，但他们却用十几次会议讨论服装，而且这些"勤劳"的议员每

——— 图1《小日报》1912/9/15 作者收藏

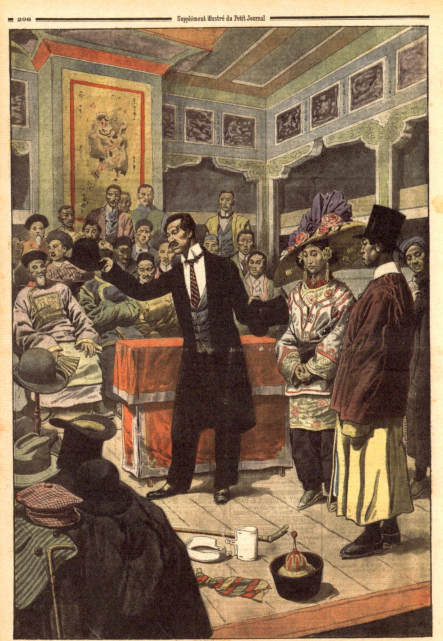

LA DISCUSSION DE LA LOI SUR LE COSTUME EUROPÉEN EN CHINE
Un Parlement transformé en salon d'essayage

天开会九小时，整整持续了一个星期，议会成了巴黎时装周，在那里展示了男套装和女套装。三十多种帽子挂在衣架上，议员们一个个试戴，讲话的人炫耀自己的知识。一个议员想要证明大褂起源于蒙古，另一个议员介绍中国历史上关于着装的法律。

观者的大部分注意力，还是在那个"多姿"的男人身上，这一身西式装束很"值得商榷"。首先是衬衫，衣领几乎立起，只有前段的小角窝了下来，以至于系在脖子上的领带都露了出来，有些不伦不类；其次是西装里边的坎肩，显然这件衣服穿得有些拖沓，领带显出的比例不当导致这个男人看起来十足"喜感"。如此模样还想炫耀，也是"醉了"。

再说说那两个模特，看起来的确是"不伦不类"。女模特心情失落，身体佝偻，双手紧握，显然戴上个对她来说"稀奇古怪"的帽子有些不适应；而旁边的男模特腹部臃肿，身体重心略向后仰。不大合适的模特身形直接导致了这两件西方服饰表现力上的大大衰弱，以至于整体场面上显得有些"滑稽"。

这仅仅是七天漫长会议周的一个小小片段。可想而知，在这场"马拉松会议"上，多少议员登台发言，模特像拉洋片一样走上中心、走下舞台。不过会议终究有终点：

议会最后通过如下法律：

第一条　所有各级官员着欧式服装，包括黑西装、中国丝绸高帽、漆皮鞋，生活中戴毡制帽。

第二条　无官阶的中国人在重大仪式时也要穿西装，戴高帽。

第三条　军人、警察、法官学习制服着装。

第四条　女人戴欧式帽，衣服则保留传统。

结果还是好的，最起码欧式服装能够堂堂正正"登陆"中国，调节一下当时国人单一的着装口味。

着实让人感叹，这样的场面在当下有时还能出现，不过是换了场景，换了主人公。历史真是一面镜子，照给自己，也照给未来。

当中国走向世界

世博会早就有，1851 年伦敦万国工业产品博览会可以算得上是世博会的鼻祖。当时一位被称为"希生广东老爷"的中国人受邀参加了开幕式，这算得上是中国与世博会的第一次接触。而后世博会在法国和奥地利举办，不过代表中国出席世博会的都是掌握沿海关卡的洋人，所以出现了"只有中国货，没有中国人"的奇怪场面。

制作工艺精美的瓷器、玉器、丝织品，味道纯正的中国茶叶得到了世界的广泛喜爱，一时间购买中国产品成为风尚。

真正将世博会创新、交流、发展的意义发挥出来的无疑是美国人。1876 年的费城世博会具有里程碑式的意义，美国的现代、创新与活力借助于世博会的平台充分得以展现，预示美国在全球地位的逐步提升。1893 年的芝加哥世博会，美国在相机制造、电力发明、钢铁冶炼等尖端技术的展示更是令世界刮目相看。1876 年费城世博会上，李圭成为了中国代表团中"唯一的中国人"，通过数个月的游历，特别是在世博会上的观察走访，开始让中国人放眼全球。

1878 年，巴黎世博会开幕，著名实业家盛宣怀首次将自己的展品放在了世博会的展台上，可是销售情况却极差。而与此同时，经历了明治维新的日本开始崭露头角，印度的对外贸易额也开始追赶中国。中国人开始意识到，传统的瓷器、玉器、茶叶、绸缎已经不能满足西方人对于近代科技的追求，到寻求变革的时候了。

时隔二十二年，1900 年的巴黎世博会，中国展品已经出现了一些变化。

在特罗加德罗广场周围建起的外国参展团的漂亮展馆中，中国馆很是不错。里面有从茶叶到鸦片的各种中国产品。

图 1 属于《小日报》的世博会特刊系列，即每期日报的中间夹页，用来展示各国建造的世博会场馆。

据资料显示，1900 年巴黎世博会的中国馆十分豪华，总面积有三千多平方米，其中有一座中国馆隐藏在假山树丛之中，小桥

———— 图 1《小日报》1900/11/25 作者收藏

S. M. SY-TAY-HEOU
IMPÉRATRICE DOUAIRIÈRE

PORTE de PÉKIN

EXPOSITION DE 1900
Pavillon de la Chine

流水，似人间天堂。而日报截取了当中的一幢建筑，在右下角特别刊出了中国馆的典型标志——牌坊。

这个牌坊是按照当时北京国子监的琉璃牌坊进行设计并制造的，图2《小巴黎人报》中的这张图片能够更清晰地看到它的样貌。通体琉璃彩绘，雕梁画栋，具有浓郁的中国风格。

回到图1的中国馆，主体建筑造型宏伟，最底层的石质拱门，可以看见正面和一侧两个门。上面三层飞檐走壁，最下一层外有回廊，中间一层中部为半开放平台，两侧方形亭楼对称排布。建筑物顶部悬挂清朝龙旗，整体风格古香古色，典雅又不失华丽与庄重。

画面左下方的人物值得细看：手工工匠正在展示制瓷技艺，正在绘瓶彩，旁边有小工手托颜料盘伺候着工匠；而旁边观看的人也颇为有趣，有坐在板车上的类似地主的富人，也有身着满清官服的大臣，还有几个女性，其中一个仆人像是负责端茶送水的，这算是《小日报》中少有的亚洲女性形象。画面中部右侧的交通工具很是新奇，两个人似担着一根扁担，一人卧在中间，这在现存的影像资料当中很难见到。

右上方出现的人物头像是西太后，当时中国最实际的掌权者，与同年刊登的那张西太后肖像有类似之处，但在刻画上还是有些不同。

在1900年这届世博会上，中国不仅仅保留了传统的手工艺品展示，而且开始引进当时西方先进的科学技术，并以此进行本土化的创新和改造。上海耀华照相馆的照相技艺首次得到外国专家的肯定，获得当届世博会的奖凭。北京永珍斋的老板顾永保也携带中国瓷器远渡重洋，向外国人展示传统中国手工业的高超技艺，但因为回国途中听闻自己的宅邸被八国联军洗劫一空，顾永保含恨跳海自尽。

虽然这届巴黎世博会远没有中国在1904年美国圣路易、1915年巴拿马世博会所取得的巨大关注和丰厚成就，但作为中国走向世界的一个重要组成，它会在历史上留下属于自己的一笔。

——— 图2《小巴黎人报》1900/7/15 作者收藏

nette pressant que je désespérais d'entendre, je tressaillis jusqu'à ma dernière fibre, et je me précipitai...

— La déception fut cruelle! La porte ouverte avec un indicibletremblement, je me trouvai en face d'un garçon épicier qui me tendit une facture. Son patron ne voulait plus me fournir à crédit le pétrole nécessaire à ma pauvre lampe de travail!

— L'implacable, défilé avait commencé, l'alarme avait été donnée au sujet de ce médecin sans malades.

— Le jour suivant, ce fut le crémier qui m'envoyait le lait de mon premier déjeuner; et, moins d'une semaine plus tard, le petit restaurateur du coin chez lequel je prenais ma maigre pension...

— Je passe sur les mesquines et lancinantes tortures de ces débuts.

— Un soir, je m'abandonnais à une dépression complète, ne sachant littéralement que devenir, car je n'obtenais plus le moindre crédit chez mes fournisseurs, rebelles à toute concession nouvelle, et mon tapissier, dont je n'avais pu payer la première traite, puisque la clientèle persistait à briller par son absence, mon tapissier, dis-je, menaçait de me jeter dehors et de reprendre son mobilier sans autre forme de procès.

— Tout-à-coup, on sonna. J'hésitai d'abord à ouvrir, redoutant quelque réclamation encore. Mais le coup de sonnette se répéta bref, impérieux, disant le visiteur qui n'a pas le temps d'attendre.

— Enfin, j'arrivai, le malade rêvé Ah! il pouvait être tranquille! Il serait bien soigné, celui-là!...

— Je m'élançai, frémissant, mon plus agréable sourire aux lèvres, et, ayant ouvert, je vis devant moi une grosse dame en robe de soie noire, coiffée d'un étonnant chapeau à girofîées jaunes.

— Je m'effaçai pour la laisser entrer, murmurant — ces détails sont gravés dans ma mémoire — une phrase d'accueil d'une maladresse naïve:

— Soyez la bienvenue, madame... Et veuillez m'excuser... Mon valet-de-chambre...

— Mais ma « cliente » m'interrompit d'un bruyant éclat de rire:

— Taratata! Vous n'en avez pas, de valet-de-chambre, mon petit docteur, et c'est bien pour cela que j'y viens, car si vous en aviez un, vous ne seriez pas un médecin dans mes moyens! Alors, à la peine de louer au plus dur ensemble, à vos risques et périls...

— Mis à l'aise par la franche familiarité de cet exorde, je ne pus m'empêcher de sourire:

— Je crois bien que ça allait...

et ma visiteuse, enchantée, me tapa sur l'épaule, tandis que je l'introduisais dans mon cabinet, en proclamant d'un air plein de promesses:

— Allons! je vois que nous allons nous entendre!...

— Carrément installée dans mon meilleur fauteuil, cette corpulente personne se nomma:

— Je suis Mme Hortense Plumet.

— Rien que prononcé avec quelque fierté, ce nom ne me disait rien; je ne m'inclinai pas moins avec une déférence marquée, et mon interlocutrice, m'ayant gratifié d'un coup d'œil bienveillant, expliqua aussitôt:

— Je suis, comme vous devez le savoir, docteur, la directrice d'une importante institution, rue des Dames, à côté. J'ai quarante élèves, tant pensionnaires qu'externes, et je viens vous proposer d'être leur médecin, c'est-à-dire le médecin de ma maison!... Oh! une petite inspection deux ou trois fois la semaine suffira amplement... Je vous donnerai mensuellement en franc par élève... les huit francs par élève... la directrice et aux sous-maîtresses par dessus le marché, bien entendu... Ça va-t-il?

— Dans ma détresse, quarante francs par mois et la clientèle annoncée équivalant à une fortune, j'acceptai donc avec empressement, m'efforçant de cacher ma joie sous la dignité des formules.

— Mais ma clairvoyante visiteuse ne s'y trompa pas plus que tout-à-l'heure à l'absence fortuite de mon valet-de-chambre, et, souriant de son large sourire, elle conclut en déposant deux louis sur le coin de mon bureau:

— Je paie d'avance! Ce n'est pas inutile, demain! Allons, topez là, jeune homme, à demain!

— Nous nous séparâmes avec une énergique poignée de main, comme de vieilles connaissances, et le lendemain, mes deux louis tintant clair dans mon gousset, je me dirigeai vers l'Institution Plumet, aussi fier que si je marchais à la conquête du monde!

— L'excellente directrice m'attendait au seuil de sa porte, au-dessous de l'enseigne où son nom se détachait en flamboyants caractères rouges sur fond noir.

— A peine m'eût-elle aperçu qu'elle se retourna vers l'intérieur de la maison, criant d'une voix de stentor:

— Mlle Primevère, amenez les élèves à M. le docteur!

— Je pénétrai dans un parloir meublé d'une table et de quelques chaises, intrigué malgré moi par la personnalité de la sous-maîtresse qui répondait à ce nom printanier. En pensée travaillant, faisait des suppositions. Quand on s'appelle Mlle Primevère, on doit forcément être une créature exquise, à moins que, par une féroce ironie du sort, on ne soit plus que la caricature lamentable de la jeunesse lointaine.

— La bande des fillettes apparut, mais je ne vis que celle qui les conduisait. Ces rêves qui, bizarrement, venaient d'éclore dans mon cerveau se trouvaient cent fois dépassés. A peine plus âgée que l'aînée de ses élèves, Mlle Primevère était la jeunesse en fleur! Sa taille fine avait la souplesse gracieuse du roseau, son cou avait la fraîcheur délicate d'un pétale de rose, ses beaux yeux la couleur des tendres violettes qui poussent à l'ombre des haies, et dans sa lourde chevelure couraient des étincelles d'or!...

— Je n'avais jamais rien vu d'aussi joli au monde, et quand je me retirai, transporté, dans une sorte de griserie silencieuse, il me sembla que je commençais seulement de vivre.

IV

Le savant soupira longuement; puis, d'une voix plus basse encore, il reprit:

— Et, en effet, je commençais de vivre parce que je commençais d'aimer. Ce qui devait arriver arriva. Soit que l'heure merveilleuse eût sonné à l'horloge mystérieuse du Destin, soit qu'elle entrât dans ma vie au moment où, défaillant dans ma vie de la pauvreté, mon cœur s'ouvrait invinciblement à l'amour, je n'eus, dès cette minute, de pensée que pour Blanche Primevère.

— Bientôt, il ne s'aperçut d'elle augmenta encore la tendresse qui montait en moi comme une marée envahissante.

— Dix-huit ans auparavant, la bonne Mme Plumet avait trouvé un matin sur le seuil de sa porte une corbeille où, sous une grosse touffe de primevères blanches, dormait une jolie petite fille de quelques jours. La maîtresse de pension avait l'âme pitoyable. Elle voulut servir de mère à la frêle créature que semblait lui offrir le printemps, et, après l'avoir élevée, elle songeait à la marier.

— L'excellente femme nous avoua plus tard qu'elle avait « compté » notre bonheur,

M. PICHON
Ministre de France à Pékin

M. FRANÇOIS
Consul général à Yunnan-Sen

Exposition de 1900 (au Trocadéro). — LA PORTE DE PÉKIN

踟蹰的梦想

飞上蓝天，步入太空，一直是人类追逐的梦想。当莱特兄弟在 1903 年成功试飞世界上第一架依靠自身动力载人飞行的飞机后，人类终于找到了实现这个梦想的视窗。

国人的飞行梦延续了千年之久。明代嘉靖年间，一位官员万户将自己绑在填满火箭的椅子上，成为世界上第一个进行升空实验的人。当时的技术条件可想而知，万户不幸粉身碎骨，但此举却为中国人的飞行梦留下了浓墨重彩的一笔。

伴随近代中国的硝烟纷争，中国人离自己的飞行梦也在西方人"帮助之下"愈来愈近。《北京志·民用航空志》记载，宣统二年（1910），清政府从法国购买了一架苏姆式双翼飞机，并在南苑进行了试飞，这是有史以来中国的第一架民用飞机。在此之前，清廷委派留学生赴欧学习西方的飞机制造技术，归国之后，他们当中的不少人成为航空技术研发的中坚力量。

法国与近代中国的飞行梦关系密切。1911年，法国飞行家环龙（Renéé Vallon）驾驶着一架苏姆式双翼飞机来到上海进行飞行表演，但在一次飞行过程中因机身断裂不幸殒命，上海人也成为了当时这种"新奇怪物"最早的见证者。

《小日报》对环龙的表演进行了报道，并为此绘制了一张图像。

飞行员环龙最近给中国人表演了一场全新的节目，他驾驶着苏姆式双翼飞机在上海农村进行了一系列表演飞行。我们的一位体育记者报道了这一事件，并认为这将深刻改变中国老百姓的观念。当这个飞行员驾驶着双翼飞机降落在上海的跑马场后，他决定不顾乘风的威胁再度起飞，让中国人感到十分激动。

在中国农村看到这个飞机引起了人们不同反应。有的人吓呆了、有的人吓得乱叫、有如看到空中鬼怪。家畜受到引擎声的惊吓，四散逃离。

当环龙完成了出色的表演降落之后，

图 1《小日报》1911/4/16 作者收藏

LE PREMIER AÉROPLANE EN CHINE

观众热情地想把他从飞机里拉出来表示祝贺，维持秩序的部门不得不全力以赴把人推开。

中国人不停地告诉我们：中国人在我们之前创造了所有的东西，但飞机却是中国人不可以和西方相比的。

图1的画面左上方，一架双翼飞机正在飞行，地面上的大部分人都将注意力集中在这个"新奇怪物"上，而我们也可从这张画面当中隐约看出当时国人面对飞机的奇怪情绪。

画面左侧是一片十分慌忙的场景，农妇一家被飞机巨大的轰鸣声所惊吓，老妇人紧紧地捂着耳朵，显然受不了这样躁动的声响；中年女人表情也十分惊慌，一边搀扶着老妇人一边指着在天空盘旋的飞机；而孩童无疑是其中最害怕的群体，哭闹着迅速奔跑，连圈舍当中的猪都"精神紧张"，发疯似的四散逃离。

相比于这样纷乱的场景，其他人的表情却大不相同。穿着官服的官员，双手前抱，显然是被眼前的景象惊讶；穿破棉衣的老头，推车、抬轿子的苦力以及过往的路人并无太多肢体语言的变化，可能还没回过神来，正在犹豫；而两个骑马的商人见到

这场景当是十分兴奋，其中一人还高举手臂向飞行员招手。画面中全面地展现当地民众见到这场景时的真实状态，丰富了表现力。

环龙坠机场景的文字描述已经很难查到，但当这个法国人驾驶着飞机在上海的天空飞行、盘旋，轰鸣的发动机燃烧着西方人自信、高傲的热情和雄心壮志，对于当地民众惶恐、无知的情绪，这本身就是一种示威。在他们心中，虽然中国的火箭、风筝象征着他们"曾经的飞行梦"，但当工业革命在欧美国家快速蔓延时，古老的中国文明已经无法与西方抗衡。

如环龙一样，飞行员德瓦西（M. d' Oisy）在十三年后也来到中国继续着自己的飞行旅行，他被形象地称作"鸟人"。图2报道说："德瓦西的空中旅行在克服了重重困难之后终于完成，他在中国期间每一次着陆都引发热烈的场面。在中国人看来，这位大胆的飞行员就是西方派来的'长翅膀'的大使。"

1912年，曾经在美国自制飞机并试飞成功的冯如在国内的第一次试飞活动中，因为飞机操纵系统故障发生事故不幸身亡；

图2《小日报》1924/6/8 作者收藏

Le Petit Journal

illustré

ABONNEMENTS

Trois mois Six mois Un an
FRANCE & COLONIES
4 fr.   7 fr. 50   14 fr
UNION POSTALE
6 fr.   12 fr.   22 fr.

PARAISSANT LE DIMANCHE

35e Année - N° 1746

On s'abonne dans tous
les bureaux de poste

Les Manuscrits ne sont pas rendus

L'homme-oiseau chez les Célestes

La merveilleuse randonnée aérienne de Pelletier d'Oisy s'achève en dépit des difficultés accumulées sur sa route. Le voici en Chine et, là, chacun de ses atterrissages est le signal de manifestations enthousiastes. L'audacieux pilote est réellement, aux yeux des indigènes qui l'accueillent, l'ambassadeur ailé de l'Occident.

1919 年，北洋政府成立航空事宜处，开始
购置商用飞机开辟固定航线；1923 年 6 月
12 日，由中外专家联合设计，广东飞机制
造厂生产的"乐士文 1 号"首飞成功，但
在当年 10 月 3 日就与其他三架同型号飞机
在机库被烧毁，烧毁原因不明；1954 年 7
月 3 日，"初教－5 初级教练机"飞上蓝
天，新中国有了第一架自主制造的飞机。

梦想都是代代人用生命与汗水堆出来的，
踟蹰的中国飞行梦。

广而告之

通讯技术并不发达的年代，人们对于外部事物的知晓，往往依靠同乡的口。一张大告示，就像窗户，有时候给人带来喜悦，也给人带来警醒。

人生四喜："久旱逢甘霖，他乡遇故知，洞房花烛夜，金榜题名时。"好事者在每句话后边加上两个字，顿时变成人间四悲："久旱逢甘霖，一滴；他乡遇故知，债主；洞房花烛夜，隔壁；金榜题名时，重名。"

金榜题名，其中的"榜"说的就是告示。举子十年寒窗苦读，抱着学而优则仕的一丝信念在大榜上找寻自己的名字，找到的满心欢喜，找不到的一身沮丧，可见"榜上有名"对于一个人的命运而言会产生何等重要的影响。

口语传播不同于文字传播，白纸黑字板上钉钉。随着一件事物在传播当中逐渐被渲染、加工，普通不过的事件往往都带有些神秘色彩：小偷小摸变成江洋大盗，征兵修渠变成奢侈征召，叛国逆党变成英雄豪杰。猎奇之心，人皆有之——这都成为日后被人们津津乐道的谈资和关注的焦点。

《环球画报》（*L' UNIVERS ILLUSTR é*）当中就记录了一场在北京城门旁发生的事件，一群人围在公告栏面前看告示。图1的告示上，具体文字已然无从得知，不过左边"告示"的两个字却十分明显。在城门旁边张贴重要通告，这也是古代官府一项定制，人流密集容易扎堆，更易广泛传播，这也吸引了好奇心重的外国人。

前面的看客十分认真，眼睛都要贴到纸面上；后边的看客高扬颈部，睁大眼睛，神情当中似乎还存留些疑惑与不解；密密麻麻的人群之后还挤倒了一位，此人双手撑地、左脚上举，似乎在做"托马斯全旋"，动作实在有些俏皮。当然，有些人关注，有些人也若无其事，挑着担子从旁边清闲走过，眼皮都不抬起；做轿子的官员也如司空见惯一般"半遮面"，只是有一搭没一搭的看看而已。

可在义和团活动强烈的时期，沿街的告示早已变成了向洋人的挑战书，上面写着"外国人去死吧！"1900年7月15日的《小巴黎人报》记录了如此情景。

—— 图1《环球画报》1880/5/22 作者收藏

AFFICHAGE D'UN ÉDIT IMPÉRIAL A PÉKIN. — Voir page 22?.

在北京的街上、墙上贴的不再是告示，而是煽动造反和屠杀的传单，到处都写着"外国人去死吧"。

这场革命的根源是中国苦难者、绝望者造反，并得到政府支持，以至在中国的外国人不知道要求中国政府保护会不会比自卫更危险。中国人始终恨外国人，不喜欢我们的文明，不理解我们给他们带来的幸福，他们要杀传教士、军官甚至公使以报答我们的好意。

图2的画面当中，一个义和团民站在高台之上指着传单向周围过路的民众宣传，以激起人们对于洋人的仇恨，旁边的民众指指点点，还与旁人议论，足见影响之广。不过在洋人的认识当中，义和团此举无疑是"不知好歹"，这显然也是战胜者的一厢情愿罢了。

如今，虽然告示与传单逐渐销声匿迹，聚集的人群也鲜有，"广而告之"的概念却从未消失，反倒被不断拓展和深化，并以更新的形态出现。诸如画面当中的这些场景，仍能让人想起曾经燃烧的岁月，无论是伴随"起义"还是"运动"，那种张扬，像是一种力量的释放。

━━━━ 图2《小巴黎人报》1900/7/15 作者收藏

Douzième année. — N° 597.

Huit pages : CINQ centimes

Dimanche 15 Juillet 1900.

Le Petit Parisien

SUPPLÉMENT LITTÉRAIRE ILLUSTRÉ

TOUS LES JOURS
Le Petit Parisien
5 CENTIMES.

DIRECTION: 18, rue d'Enghien, PARIS

TOUS LES JEUDIS
SUPPLÉMENT LITTÉRAIRE
5 CENTIMES.

Les Événements de Chine
MORT AUX ÉTRANGERS !

记录与补白

摄影与艺术之间缘何产生如此多的纠结、抗衡和较量，却又在产生对立的同时彼此借鉴和融合，这一直是悬而未决的争论。对一门表现形式而言，既需要在众多的形式当中形成自己独特的表现手法，以确立自身地位；又需要在发展过程中有所借鉴，同时不被其他形式所吞并，这并不容易。

摄影版画就在如此复杂的环境中成长起来，虽然它存在的时间只有短短的几十年，却见证了一段并不平凡的历史。这里面有缓解技术发展迟滞带来的过渡，有对地理观察的广泛传播需求的应和，同时也存在着对版画自身发展的有益探索。对于摄影版画的仔细挖掘，有助于填补摄影发展中的一块空白之地。

信息量扩容，公众对于信息求知欲的不断加强——十九世纪中期开始，现代报刊业完成了其草创和奠基阶段，进入蓬勃的发展期。以《伦敦新闻画报》（*The Illustrated London News*）为代表的报刊开始以大量新闻照片和现场速写为母本，使用木刻密线版画和石印画，以图文兼容的方式生动报道在世界各地出现的事件，丰富读者的视觉。这一举动，影响了报刊业的发展和走向，在潜移默化之中改变着人们的阅读习惯，一直至今。

一个问题便由此而来，为什么在报纸上不能直接刊印照片，非要选择用版画的方式呢？在当时，摄影的复制技术与成本过高等问题尚未完全解决，仍处于实验阶段，而这些问题对于照片的广泛传播至关重要。况且在当时，在印刷过程中并未解决关键的照片制版问题，印刷出来的成品并不能明确描绘出景观的层次和状貌，所以

图1（上）：作为蓝本的摄影照片
右：《中国的医生》木版画 1876 年 作者收藏

Pédicure ambulant [1]. — Dessin de E. Ronjat, d'après une photographie de M. Thomson.

只能依靠人工雕刻制版来最大程度还原照片中的情景。

除《伦敦新闻画报》外，法国的《环游世界》（*LE TOUR DU MONDE*）杂志也是其中突出的代表，它存在的阶段正值摄影版画的快速发展时期。《环游世界》杂志以大量生动的图文记录了世界各地的人文风貌，其中大量运用欧美摄影师的摄影作品，以其作品为参照制作木版画，套印在杂志当中，其中不乏对于中国广东、北京、天津、上海等地的人文景观记录。这些版画描摹真挚、细腻，兼具纪实性，成为摄影版画中的突出代表。

在为《环游世界》杂志中国部分供图的摄影师中，约翰·汤姆逊算是较为重要的一位，他的摄影作品经常被制作成摄影版画，伴随杂志、画刊，传播久远。

图1版画的母本为约翰·汤姆逊《中国与中国人影像》的第二十六号照片《中国的医生》，对这张照片，汤姆逊曾描述道："照片二十六号上的这个人是一个游医，专治手足病，他为顾客挑鸡眼和修剪脚趾甲；旁边还有一个等候的顾客，正趴在一扇破窗户上静静地吸烟。"

━━━━━━━━ 图2（右上）：作为蓝本的摄影照片

━━━━━ 右下：《十七孔桥》木版画 1876 年 作者收藏

Le pont de marbre de dix-sept a

à l'île dans le lac de Ouane-cheou-chane (voy. p. 222). — Dessin de H. Catenacci, d'après une photographie de M. Thomson.

将这张版画与汤姆逊的原作相比，不难发现一些区别：一是画幅减小了。汤姆逊的原作中不止突出了这三个人，还将背后房屋侧面的街道显露出来，而在版画中，只重点描绘了三个主人公，并未花过多的心思在旁边景观的描述上；二是在一些细部的处理上，版画中进行了相应简化。例如木杆后的窗户最右侧的三个格在照片中是被遮盖住的，而在版画当中却并未做相应处理，透过窗户映衬的屋子里的物体也被相应省略了；三是在光影也进行了一定处理。在对于游医这个人物形态的描绘中，由于游医是坐在板凳上，身体前倾，所以在其身下形成了一大片暗影，这在照片当中十分明显，甚至看不清游医所带的工具。而在版画中，这片阴影却消失了，工具也变得鲜亮起来；四是在细节描绘上存在一些差别。制版人虽力图以最大程度反映影像中的情景，衣服裤子上的皱褶可谓惟妙惟肖，但人物的表情、系在木杆上的绳子仍有些许不同。

这样的区别在人像摄影与版画的转换过程中最为鲜明，在一些自然景观的转换过程中倒是显得微乎其微了。还是以约翰·汤姆逊为例：

图2版画的原版照片为《中国与中国人影像》的第四十七号照片《十七孔桥》。对此汤姆逊说道："照片上这座汉白玉桥有十七个拱，这是我在中国甚至整个东方见到的最美的桥；我可以想象当粉红的荷花全部盛开，空气中飘来阵阵幽香，该是一幅多么美丽的景象。"

版画中的景观与照片相比几乎完全一致，甚至在一些细部处理上制版者也在力图复原照片中的景象。虽然在桥后方的树影稠密度以及对芦苇荡、佛香阁的比例关系处理上仍存在一些问题，但这并不影响观者

图3（上）：作为蓝本的摄影照片

右：《万寿山铜亭》木版画 1876 年 作者收藏

Le Temple de bronze, sur le versant sud de Ouane-cheou-chane, vu du lac et de la plaine (voy. p. 222). — Dessin de Taylor,
d'après une photographie de M. Thomson.

欣赏一幅与照片高度相似的版画作品，并从中获得视觉上的美感。

图 3 这张版画根据约翰·汤姆逊《中国与中国人影像》第四十八号照片而来，描绘的是万寿山铜亭。该建筑的门窗、柱子和屋顶都是由纯铜制成，是中国寺庙建筑的样本。汤姆逊拍摄照片时选用的是逆光，目的是为获得这个亭子清晰的轮廓，同时让远处的景物呈现铅笔画的效果。这张摄影版画最大程度还原了照片的景观，同时在建筑肌理的刻画上细腻传神，堆砌枯枝的层次感更为强烈。

不难看出：摄影版画的存在并不是版画自我寻求发展的衍生品，倒更像是摄影在发展过程暂时受阻情况之下寻找的替代品。由于版画相较于当时的印刷技术成本低廉、印制方便、呈现效果更突出，所以制版者才会费尽心力模仿照片的呈现效果，力图照搬景观的最真实样貌。由于是人工刻版，注定了其在制版速度和呈现效果上的局限，但这样的境况没有持续多久。十九世纪后期，照相凹版的出现，使得原始的玻璃底片可以在印版上生成正像，通过酸腐蚀处理后能够得到呈现连续影调层次的凹版来进行印刷，这在一定程度上摆脱了时人对于手

工雕版，以及通过线条疏密显示层次关系的构图法的依赖。而这项技术的日臻成熟，也使得摄影版画失去了用武之地，渐渐淡出了人们的视野。1912 年，《伦敦新闻画报》开始采用轮转凹版印刷，大量图片以最真实的记录、最迅捷的速度传递到每个观者手中，从而为人们创设了另一种对世界的观看方式。

如今，当人们回溯这段历史，大都不会将其以版画发展史的角度来对其进行梳理，会将其视为摄影发展的产物。也许摄影与版画的这次艺术的重叠显得并不成功，甚至只能说是双方一次互有所图的借取，但这段过程却很有纪念意义，促成了图像的大范围传播。

自然的脚步

没有相机的年代，人们对于自然的记录只能依靠一张张手绘图画，这些图画曾经带领人们踏上发现之旅，探寻未知的境遇。摄影——这种更便捷的记录方式产生之后，很快被用到科考探险中，透过一张张照片，人们得以体会万物瞬间姿态的变化。

历朝历代，大熊猫都被视为珍宝，象征奢华与高贵。单纯文字记录或许并不真切，人们真正开始对于熊猫进行关注与研究，还是十九世纪以后的事情。1869 年，法国生物学家阿尔芒·大卫（Armand David）在四川发现了第一只大熊猫。这位生来酷爱自然探险和猎奇的法国人并不安分老老实实做一个传教士，在成都天主教堂工作之余穿越山林，于四川宝兴发现了这种"有趣的动物"。职业敏感告诉大卫：这只动物很有可能是一个新的物种，必须要找到它。

大卫曾经准备将活体大熊猫运到法国进行研究，无奈因路途颠簸加上环境恶劣，大熊猫不幸死去。大卫无奈之下将其制作成为动物标本，并运往法国巴黎国家自然历史博物馆展出。标本展览之时，引发社会的强烈轰动，观众无不惊奇于它的模样，却无从所知它的名字。后来在法国科学家的研究下，通过与已经发现的小熊猫进行比较，将其最终命名为大熊猫。

在此之后，欧美掀起了一股"熊猫热"，众多生物学家、探险家前往中国四川找寻熊猫的踪迹，试图运输熊猫活体到大洋彼岸；也有的人看重熊猫的经济价值，猎杀、偷盗现象一时猖獗。而这些参与者中，就包括美国总统罗斯福的两个儿子，他们于1926 年来到中国，在成功猎杀到一只熊猫之后偷运回美国。二人在回国之后写了一本《追踪大熊猫》，详细介绍了事件经过。

1889 年，法国画报刊登了几张关于中国动物的图像，其中就有图 1 的大熊猫。而这也是我们能够见到的较早的对于大熊猫的图像记录。图像中的大熊猫似乎与时下人们能够见到的大熊猫有所不同，体型健硕、四肢粗壮，似有更多野性存在。

虽然无法找到这张图像的原版照片，我们也无法排除这张图像是否是当时的制作者

图 1《大熊猫》木版画 1889 年 作者收藏

Ailurope.

Chapter IV
差异与交融

page 212

根据熊猫样本进行的后期合成，但这似乎预示着一种趋势，人们开始将照相机镜头由广袤的地理生态对准除人类之外的其他动物。1906 年 7 月，美国《国家地理》刊登了 George Shiras 拍摄的七十余张野生动物照片，人们得以首次通过镜头，感知动物的真实生存状态，动物摄影的大幕也由此拉开。

1907 年，爱尔兰的博物学家兼摄影家亚瑟·拉德克里夫·杜格默（Arthur Radclyffe Dugmore）拍摄下一张鱼的照片。照片拍摄得十分生动，彷佛鱼就在真实游动。而在当时，相机仍旧由木头制作，笨重且不易携带；采用玻璃板作为底片，感光速度很慢，稍有晃动就会使得画面变虚。杜格默能够拍出如此清晰的照片，况且还隔着水，称得上是一个奇迹。

追寻动物的踪迹，实际上是溯源人与自然相处的内在关联。曾几何时，这些动物并不为人所知，被蒙上一层神秘的色彩。伴随一次一次地发现，慢慢破除未知，人们才能看清自然，体会到它的神奇与伟大。

La Civette d'Asi

──── 图 2 同期刊登的关于中国动物的木版画

Panda.

皇家雪橇

没有计算机，没有网络，深宫大院，铁壁铜墙。享有最高权力的人，其实也是最孤独、最寂寞的人。宫廷游艺虽很应景，皇上妃子乐在其中，但将其置于大千世界中，不过是再普通，甚至有些低级的玩乐。失也罢，得也罢，都是命中路数，从这些皇宫贵族的游乐当中，也能找到些兴味。

中国古代的传统宫廷游艺活动大致分为几种：下棋、猜谜、投掷、斗趣、竞技，其中有身体运动，也有脑力运动的。到了十九世纪中后期，伴随西方风俗的影响，一些流行于西方的游戏及风俗活动也传入宫廷，为宫中老少带来了新的乐趣。

《环球画报》当中就记载了这样一个场面，名为："中国皇帝的雪橇在皇宫花园内穿过"。背景再清晰不过，画面后方为北海，右侧为团城，现如今皇帝雪橇所处的位置上面应当是马路。广阔的冰面之上，一辆豪华雪橇正在向前奔驰，八个士兵四人一排，迈着整齐的步伐向前快跑。

这不禁让人想起慈禧老佛爷，面对西方人进献的"火车怪物"，慈禧断然决定用人力替代蒸汽动力，宫内太监拉着火车带慈禧上下朝，旁边的依仗随从也一个没少。

原始的人力与看似顽固的坚守，造就了世界铁路史上最大的笑话。意识的倒退与保守，也最终导致了一个庞大的国度靠手推人拉进入现代社会。

还是回到画面之中，这辆奥地利送给中国皇帝的雪橇装饰可谓奢华，三面透明玻璃，下方金龙浮雕，前方的龙雕张牙舞爪，透出无尽威严。身处于中西交流的年代，雪橇当中也有不少西方元素，精致的曲线雕花，边角中细腻的装饰，守旧的皇族也体会到了西方工艺的魅力。

千里之外的林海雪原，雪橇并不如此奢华，几只猎狗，一只简单的座椅，乘坐者不仅能够体会到在冰雪中行驶的快感，还能体会到驾驶的乐趣。显然，坐在雪橇房里的光绪皇帝并不能有如此丰富的体会，猎狗换成了士兵，与自然的亲近转变成皇帝威仪的公开宣示。

——— 图1《环球画报》 1895/1/26 作者收藏

L'EMPEREUR DE CHINE TRAVERSANT EN TRAINEAU LES JARDINS DU PALAIS. — Voir page 58.

画面中描绘也许只是一瞬，多少也带着些修饰的成分，士兵手中握的绳索还未被拉直，八个人的面目表情也不尽相同。位置一前一后，强烈的地位分别之中不知这些人抱有怎样的心态，是否有着"前排扬眉吐气、后排不敢放屁"的区别。

无论是小世界与大国家，皇帝至高无上，用人拉雪橇无可厚非。清末几位皇帝虽然在治国上均无大术，救国也是"愈救愈难"，对于玩乐的喜好却从未消减。

永定河故道留下的原野和池塘，历时八百年的修修建建，不知留下了多少人的印记。时至今日，每年北海水面上冻，仍会留出一片区域作为公共冰场。1895 年 1 月，就在这片地方，光绪皇帝也留下了自己的身影，并被永久记录。

废墟也有美

废墟的出现，让人们找到了另一种形式的美感，也从这种美感当中找到了与其对立的、现实而冰冷的荒凉。面对废墟，人们往往呈现着截然不同的态度，特别是面对战争过后的建筑和自然废墟，战胜者总是以胜利的姿态记录这些景观，引来众人的议论与赞美；而战败者通常带着伤痛和恐惧，以及因为这些负面情感所带来的仇恨与不解。

中国人对废墟的关注由来已久，从古代绘画当中便有借助于废墟的描绘来传达自身消极退避的意愿，借此来表现零落感，不过这大多是少数、自发的行为。而真正将废墟进行系统展现的还是欧洲人，特别是在照相技术成熟之后，欧洲摄影师将镜头对准了不少破败不堪的废墟场景，让记录破败景观渐成一种社会风尚。

东西方文化之中，对于废墟的理解大不相同。古罗马斗兽场、雅典卫城，在历经千年的自然洗礼与人为破坏交集之后，如今都是以废墟的形式存在。在西方人看来，这样的存在会说话，能够真正展现出历史与时间交融的沧桑美感，是自然的演变。

1860 年英国和法国发动的那次远征，这次远征让人铭记的是中国皇帝的夏宫，中国的凡尔赛宫，被英国人焚烧了——四十年之后的 1900 年，法国人也并不承认自己是焚毁圆明园的始作俑者。

但不承认并不意味着不关注。1888 年，法国画报上刊登过两张圆明园废墟的图像，拍摄者为 Le vicomte de Semallé。1860 年，英法联军进军北京，圆明园、清漪园相继被焚毁。1884 年开始，慈禧太后下令重修清漪园，并改名为颐和园，可圆明园因为修缮开支巨大，被清廷一再推迟。直至 1900 年八国联军占领北京，八旗兵丁、土匪地痞借机洗劫园林，圆明园建筑、古木彻底被毁。

1860 年之前，并没有圆明园的照片存世，只有乾隆年间制作的"圆明园长春园西洋楼铜版画"，一套二十张（现藏法国国家图书馆），为圆明园最早的图像记录。而最早的一批圆明园遗迹照片拍摄于 1873 年，拍摄者为德国人恩斯特·奥尔默（Ernst

—— 图 1《圆明园遗迹》木版画 1888 年 作者收藏

Ruines du Palais d'Été (1860), restes d'une construction de style européen. — D'après une photographie de M. le vicomte de Semallé.

Ohlmer），这组照片由民国著名艺术史学家滕固在 1933 年编辑成《圆明园欧式宫殿残迹》，由商务印书馆出版发行。恩斯特·奥尔默之后，有明确记载的拍摄过圆明园遗迹的摄影师还有英国人托玛斯·查尔德（Thomas Child）和法国人昂黎（A. Théophile Piry），约翰·德贞医生（Dr. John Dudgeon）和威廉·桑德斯（William Saunders）也有可能到访过圆明园，只不过并未留下影像实物。根据现有的资料来看，上页与右页两张圆明园图像很可能是由另一位并未记录过的法国人拍摄的。

上页图 1 像描绘的是圆明园养雀笼东面的情景，虽无法透过拱门看到蓄水楼，但与法国人昂黎 1876 年拍摄的养雀笼图片进行对比，通过拱门雕花，廊柱等纹饰的高度相似便可得出结果。相隔十二年，养雀笼发生的变化十分巨大，左侧的石雕近乎全部损毁，建筑顶端长出了树木，养雀笼前都是堆砌的石块，满是凋敝气息。

图 2 描绘的是圆明园海晏堂北面的遗迹。海晏堂北面为工字形的建筑，楼南侧楼北侧都设有喷水池，这个建筑便是喷泉的供水楼。被英法联军烧毁后的海晏堂北侧还大致保留着原有的建筑风貌，不过散落各地的石雕、石块，以及枯树残枝等景观也

透露出此地的荒凉。

对于造访圆明园遗迹的摄影师来说，这些废墟所展示的美是忧郁而有魅力的，因而它们存在的意义不仅仅只停留在历史的记录中，更反映在欧洲人的情感里。似乎这些遗迹成为这些人的精神慰藉，成为身处异乡的游子对故乡思念的寄托。所以昂黎经常带好友来到圆明园郊游、聚餐，也曾留下珍贵的合影《海晏堂废墟的野餐》。

同圆明园一样，同为清廷后花园的清漪园也不乏废墟景观的呈现。美国摄影师约翰·汤姆逊虽未留下圆明园的影像，但他拍摄的一组清漪园，保留了不少英法联军在 1860 年烧毁清漪园后的景观，成为现存的重要资料。

在汤姆逊拍摄的有关十七孔桥的图像当中（*page 204*），昆明湖水浅，杂草丛生，画面中呈现出死一般的平静。而在另一张他拍摄的万寿山下的铜亭景观中（*page 206*），残破的瓦片、倾倒的栏杆、散落四处的树枝构成画面的主要景观，与结构精妙的寺庙建筑形成鲜明的对比，呈现出独到的视觉美感。

——— 图 2《圆明园遗迹》木版画 1888 年 作者收藏

Ruines du Palais d'Été (1860), restes d'une construction de style européen. — D'après une photographie de M. le vicomte de Semallé.

近代中国，伴随废墟给国人带来的情感大多都是悲惨的，面对原有文化的消失和毁灭，在这些支离破碎的砖墙瓦砾之间，人们寻找着曾经的记忆，抒发对国力软弱的种种不满。当然，这些经过洗礼的废墟，在岁月的侵蚀当中虽然容颜渐渐衰老，骨架开始脆弱，荒草丛生，但透露出的枯萎、凋敝的美感仍能使人动容，沁透情感。

图 3 是关于圆明园完整景观为数不多的记录之一，制作年代大约在十九世纪初，记录者为小德金（Chrétien-Louis-Joseph de Guignes）。他从 1784 年开始在法国驻广东领事馆工作，1794 至 1795 年来北京短暂停留。回到法国后，他出版书籍记录了在中国等国家的见闻，留下了许多珍贵的图像资料，这便是其中一幅。

而今，这些曾经驻留于纸张之上的景观，或已成为脑海中的印记，或修葺一新以新的面貌呈现于世人眼中。翻新与重建，保留与维持，似乎成为每个历史遗址所要经历的尴尬的抉择过程。毕竟对于历史遗迹的适当恢复有助于时人更好了解历史景观，重构历史记忆；但往往重修的建筑会让人忽视时间的流逝，以及对于历史的不尊，从而引发一场更为深刻的社会讨论。

废墟本身就具有多种含义，特别是对于中国而言，工业文明影响下的社会难以正视废墟存在的正面价值，多会强调废墟对于城市发展、历史演替中的迟滞作用。也许国人真该换一种视角，给予废墟多一些审视的美感，也许历史没有想象中那样沉重，只不过是人们的心太重了。

图 3《圆明园——西使觐见》铜版画
十九世纪初 作者收藏

Fête donnée devant l'Empereur à Yuen-ming-yuen.

消失的街道

沒有柏油沥青的年代，城市街道都是黄土，因而在干旱季节一定要泼水以防扬尘。当然，有皇帝太后的年代，每逢皇家重大礼祀出行以及民族节日，"泼水净街，黄土垫道"是必不可少的一道程序，以示尊敬。即使在解放之后的北平，"泼街"仍旧是一项技术要求很高的职业，熟练工人用二十桶水就能把整条街泼得又干净又匀称，生手肯定是"左一疙瘩右一块"，此起彼伏。

城市的大规模建设，令落后的土路日渐稀少，一部分依照原有路线铺设柏油沥青，一部分干脆彻底清除修建房屋。和北京的胡同一样，北京的道路实际上在这几十年当中也有不少消失在城市的版图之上。路的改变并不可怕，怕的是连地名都无法查到，即使存在图像印记也变得缺乏说服力。

《图书日报》（*LE JOURNAL ILLUSTRÉ*）当中就记载了这样一条街道，称为"天津街"。

城市道路的命名有很多种方式：有的沿着历史称谓，有的极富时代特色；有的用全国省市的名称来命名，数量最多的当属上海，有的根据当地发生过的重大事件转变而来。总之，马路的命名一要符合文化传，寓意良好；二要通俗易记，较为实用。

查找现有的资料，北京是否存在过一条天津街还令人存疑，但这也不妨让时下的观者通过当时法国画家的报道来更多地了解关于这条道路的信息。

这是一张由水彩画翻制过来的木版版画，水彩画原作家名为希不特布兰特（M.Hildebrandt）。从图像当中透露出来的天津街，应当是以从事商业多贸易为主，每个临街店铺上都高县招来生意的幌子，街口的对联十分醒目，上联因为有遮挡尚不能看清全貌，下联当是"得能莫恃过朝道"。

在这里需要提到外国人对于中国汉字的理解，这在他们创作的作品中能够看到实际的例子。外国人对于汉字的认识仅仅停留

图 1《图画日报》 1867/8/18 作者收藏

RUE DE TIEN-SIN, A PÉKIN, d'après une aquarelle de M. HILDEBRANDT. — (Voir page 262.)

在对形态的描摹上，至于各个笔触之间的配合，以及整体结构的理解上则完全是"西化"的结果。例如在上联当中的"盈"，上半部分的几笔基本被完全割裂，"扇"中的"户"也是个"短打"；下联当中的"过"、"道"二字同为走之旁，画家对于这个偏旁的拆分能力达到了极高的水准。也正是由于这样中西混合的文字拆分方式，使得画面中平添几分"西洋味道"，更具当时的特色。

画面中，一个类似商铺掌柜的人正在对众人训话，众人也在仔细倾听。掌柜背后，一只小狗的出现让画面瞬间变得灵动起来。与此同时，一对母子正在捡起掉在地上的货物，小孩很高兴。由于雕版技术的成版手法，这些货物已颇具"毛线球"的雏形。各式各样的灯笼也在洋人的笔下多了些"地球"的形状，很是浑圆；画面正上方的幌子太像"大臣上吊"，确实也不知它与真实相差多少。

当然，仅凭现在呈现的一切，并不能轻易断定这个场景是否真实出现在北京的历史当中，也并不能说这张图像就是完全臆造。历史当中有太多的街景无法复原，甚至将永远石沉大海，泼街清道只能光亮街面，却洗不清已经潜藏在城市深处的历史。但无论它在与不在，无形之中，它们已经与这座城市连在一起。

低音不执拗

台湾学者王泛森提出了一个观点："执拗的低音"。提及对那些在晚清民国中渐被蒙蔽的思想以及逐渐式微的声音，需要重访并进行重新审视。而对如何解释"低音"，王泛森将其分成四个层次：一是省视被近代学术及思潮一层又一层覆写、掩蔽、遮盖、边缘化，或属于潜流的质素；二是对历史研究而言，"创造性转化"与"消耗性转换"的同一性，以及它对历史研究造成"意义倒置谬误"的现象；三是方法或视野；四是一些长期以来被认为具有永恒性，在近代却被长期忽略的主题。

放眼而观，不止是对历代思潮需要这样的思维，对于历史发展，甚至是其他事物，都需要有这种思维。在主流的引领当中，通常人们会容易丧失对于事物的理性判断，或者只是粗略而观，往往忽视细节；对于与主流相左的看法与意见，缺乏倾听与分析的耐心。如此一来，大势裹挟着大部分人，盲目乐观、只图一时痛快而不着眼长远，渐而埋下隐患。但当隐患变成真实的危险，这些曾经"执拗的低音"被证实并不是危言耸听和歪理邪说，人们才对此关注和重视起来。

当然，并非所有"执拗的低音"都是正确的。即使是看起来正确的观点在特定的环境中，也会因所处环境和时间而"水土不服"。倡导去发掘"执拗的低音"，不为"翻案"，不急于寻求答案、敲定结论，只是去积累素材、改变视角、拓宽视野。

在对历史场景的复原之中，也需要找寻这种"执拗的低音"。在浩淼的图像之中，它们的数量少之又少，并不容易被发现，但在这种图像的阅读之中，我们能领略到可贵的态度，能找到隐藏其中的可疑之处。

1900 年，法国《插图报》转登了两幅上海《同文沪报》中报道的庚子事变的图像，分别为《团匪焚毁教堂图》《西人避乱图》。两张图像塑造了义和团的暴虐形象，表现出义和团运动对于时局的负面态度。如此看来，将其作为东南地区报人"冷眼旁观、独立审视"的突出体现，用"执拗的低音"形容其并不为过。

然而对这两张图像的解读并不应止于此，

图1《插图报》 1900/9/8 作者收藏

LA PRESSE ILLUSTRÉE EN CHINE

Église incendiée par les Boxers.

Les Européens en fuite devant les Boxers. — Illustrations du journal de Shanghai Toong-Ouen Hou-Pao. — Voir l'art. p. 156.

图像旁的文字充当了"无辜的叛徒"。《同文沪报》的历史最早可追溯至《沪报》，后更名为《字林沪报》。在《字林沪报》的办报历程中，《消闲报》无疑最为重要，它被认为是中国报刊当中最早出现的文艺副刊。而这份报纸也时常经历经营起伏，多次转手，于 1900 年卖给了日商控制的上海东亚同文书会，进而更名为《同文沪报》。

说到这里，缘何在一份中国报纸中出现关于义和团的负面形象这个问题就不难解释了。日商控制的报纸刊登义和团打砸抢掠的场景再正常不过，况且日本也出兵参与庚子事变，争取在华利益。即使这张报纸的发行地在中国，日商借用舆论在中国营造声势也是情理之中的事情。

晚清民国时期，报刊业发展环境相对宽松，进而也就产生了一批会说真话、敢说真话的报纸和报人，但与此而来的也是信息的混乱，动机的复杂，亟待人们冷静辨别。其实换一个角度来看，一张法国报纸能够刊登来自中国的图像，多半也是凭着己方有利的原则来考虑的。这样的"执拗"只是时人的误解，看着像罢了。

后记　历史也矫情

都说这人有脾气，其实这历史也有脾气。

港版印出来之后，特地请人治印，印文是偶然想起的——历史也矫情。

历史，总在"躲猫猫"，想找到它真实的一面，太不容易，考证无果当是常态，有了发现纯属幸运。而人们对于历史的认知，总是在递进与颠覆之间来回摆动，看似严谨而合乎逻辑的论证，很可能伴随一个新物件的出土而全盘颠覆，之前的努力全部付诸东流。如此看来，历史确实是挺能折腾人的。但要是不这么矫情了，谁还花心思研究它呢？

关键是这里有乐趣，能让自己从中获得愉悦。尤其对我来说，结论本身，远没有找寻和解读它的过程来得有意思。

七、八月份的巴黎，很安静，也是一年当中跳蚤市场最少的时候。大部分法国人会选择这两个月外出度假，雷打不动，不管你经济好不好。这时候的巴黎，是属于旅行者的天下，在各类报纸上找寻跳蚤市场信息，成为我的一项"例行任务"。只要是时间允许，地点还算近，我都会前往，无论是否有卖旧书、旧报的摊位。去摊儿上淘淘旧货，也算是我感知巴黎的一种方式。

巴黎的跳蚤市场就像集市一样，各种旧货都有，旧衣服、小摆件居多。不过也有专业的跳蚤市场，像圣图安市场，就有一大块专门淘老古董的地方。旧书、旧报纸在市场中不算多数，拥有数百个古玩摊位的圣图安市场也不过只有一两家。通常，法国商人每年都会去法国各地收集一批旧报纸，将其整理归类销售。而买家想要找到自己想要的报纸，靠得都是时机和运气，过了这个村就没有这个店，明年还未必有。尤其是在这个互联时代，网店到处都是，何苦支个摊子风吹雨打，都挂网上卖了……

一个中国人找《小日报》，令法国商人感到好奇，但好奇并不意味着会得到他们的丝毫同情。看似慈祥而面善的老头儿，黑框眼镜透着有学问，但依旧还是"狮子大开口"，报着出乎意料的高价，还得表现出慷慨与义气："老板不在我没法做主。我的进价贵，给你的价格已经很便宜了。"总之，好奇总要用欧元买单，砍价太难，相遇太难，况且不能因为找报纸一直赖在法国，咬咬牙也得买下来。

矫情的人"倒腾"矫情的历史，总得有人服软，谁让你喜欢这些东西的。

看着这堆故纸，就琢磨着得做点事情，从里头有些新发现，不负这么长时间的投入，也就慢慢有了这本书。如今翻起，竟会有种"恍如隔世"的感觉，这书是怎么写出来的？太神奇了。当然，成书之后又有了新发现，这才发现这本书里还有很多话没有说，说得有问题、不完整，还有些不知道怎么说才好。但光码图上去就成画册了，啰啰嗦嗦一堆文字，只是种表达，剩下的观察与联想，都交给读者了。

一来二去，连我自己都变得有点儿矫情了。

也许是看惯了我们自己对历史的种种看法，看到外国人写出来的历史，既有好奇，更有思考。无论是谁，对中国的观察，其实就是嗅中国的脾气，远见也好、迂腐也罢，都是一种态度，也是历史的真实脉动。

再次感谢为此书付梓付出辛勤劳动的所有人，谢谢上海三联书店及特约编辑职烨女士。

图书在版编目(CIP)数据

另一种表达:西方图像中的中国记忆/张逸良著.—上海:
上海三联书店,2016.10
ISBN 978-7-5426-5620-9

Ⅰ.①另…　Ⅱ.①张…　Ⅲ.①中国历史-近代史-图集
Ⅳ.①K250.6-64

中国版本图书馆 CIP 数据核字(2016)第 135480 号

另一种表达——西方图像中的中国记忆

著　　者／张逸良

责任编辑／黄　韬
特约编辑／职　烨
装帧设计／Kacey Wong
监　　制／李　敏
责任校对／张大伟

出版发行／上海三联书店
　　　　　(201199)中国上海市都市路 4855 号 2 座 10 楼
网　　址／www.sjpc1932.com
邮购电话／021-22895557
印　　刷／上海雅昌艺术印刷有限公司
版　　次／2016 年 10 月第 1 版
印　　次／2016 年 10 月第 1 次印刷
开　　本／787×1092　1/16
字　　数／80 千字
印　　张／15
书　　号／ISBN 978-7-5426-5620-9/K·383
定　　价／68.00 元

敬启读者,如发现本书有印装质量问题,请与印刷厂联系 021-68798999